버클리가 들려주는

관념 이야기

버클리가 들려주는

관념 이야기

ⓒ 심형규, 2008

초판 1쇄 발행일 2008년 12월 13일
초판 10쇄 발행일 2023년 2월 1일

지은이   심형규
그림   신은혜
펴낸이   정은영

펴낸곳   (주)자음과모음
출판등록   2001년 11월 28일 제2001-000259호
주소   10881 경기도 파주시 회동길 325-20
전화   편집부 (02)324-2347 경영지원부 (02)325-6047
팩스   편집부 (02)324-2348 경영지원부 (02)2648-1311
e-mail   jamoteen@jamobook.com

ISBN 978-89-544-0830-1 (64100)

버클리가 들려주는

관념 이야기

심형규 지음

|주|자음과모음

책머리에

　조지 버클리(George Berkeley, 1685~1753)는 불과 열다섯 살이 되던 해에 더블린의 유명한 트리니티 대학에 입학할 정도로 뛰어난 수재였어요. 그러나 그는 결코 자만하지 않았으며 늘 자신의 일에 최선을 다했지요. 버클리는 끊임없는 열정으로 진리를 탐구하면서, 당시 하느님에게 도전하던 다른 사상과 학문을 비판하고 하느님의 존재를 굳게 믿었습니다. 또한 그는 사회문제에도 깊은 관심을 두며 봉사활동 등을 통해 적극적으로 사회에 참여하였습니다. 그 결과 버클리는 지금까지도 아일랜드 사람들에게 큰 위인으로 추앙받고 있답니다.

　버클리는 1685년 3월 12일 아일랜드의 킬케니에서 영국계 이민자의 6남 1녀 중 장남으로 태어났어요. 그는 항상 자신이 아일랜드 사람이라는 것을 자랑스러워하며 조국과 고향에 대한 남다른 애정을 지니고 자랐습니다. 킬케니 콜리지에서 공부를 시작한 버클리는 개신교인으로서 기독교 교육을 받았습니다. 그리고 1700년에 당대 최고의 배움터였던

트리니티 대학에 입학했습니다. 그곳에서 그는 고전어, 철학, 논리학, 과학, 신학 등 다양한 학문을 공부했습니다. 그가 20대 중반이 되었을 땐 이미 그의 저서가 사람들에게 큰 영향을 미치고 있었답니다.

트리니티 대학에서 버클리가 접한 새로운 이론들은 우주가 궁극적으로 물질로 이루어져 있다는 유물론적 사상이었습니다. 그는 이것이 기독교에 위협이 된다고 생각하고 비판하기 시작했지요. 그리하여 버클리는 물질을 주장하는 유물론에 반대하는 사상적 배경 위에서 신의 존재를 확신하고 있습니다.

버클리는 진리탐구의 열정 못지않게 당시의 사회문제에 대한 깊은 관심이 있었어요. 그가 주로 활동한 잉글랜드와 아일랜드에서는 잘못된 형이상학 이론들이 널리 퍼져 있었습니다. 버클리는 유물론이 무신론을 퍼뜨린다고 보고 무신론이야말로 도덕적으로나 경제적으로 사회를 몰락시키는 원인이라고 생각하였지요. 그리하여 그는 1722년경 유럽 사회를 개혁하려는 이상적인 정책을 구상했습니다. 바로 교육을 통해 유토피아적 사상을 펼치려는 것이었지요. 서인도제도에 교육기관을 세워 영국계 이민자와 인디언, 흑인들을 함께 교육하면서 선교사를 육성하는 계획이었답니다.

이를 실현하고자 버클리는 유럽을 떠나 신세계로 향합니다. 그리고

1729년 초 미국의 로드아일랜드 주의 뉴포트 항구에 도착합니다. 그는 그곳의 외곽에 100에이커에 달하는 넓은 농장을 사들여 집을 짓고 화이트홀이라 이름 붙였습니다. 현재 이 집은 복구가 되어 1980년부터 일반인에게 공개되고 있답니다.

화이트홀에서 머무는 2년 8개월 동안 버클리는 새뮤얼 존슨과 편지를 주고받으며 철학적인 논의를 했습니다. 존슨은 훗날 킹즈 칼리지(오늘날의 컬럼비아 대학교)의 초대 총장이 되는 인물이지요. 하지만 버클리의 계획은 현실적인 어려움을 겪게 됩니다. 의회에 신청한 보조금을 더는 받을 수 없게 된 것이지요. 아메리카 사회를 변화시키려 했던 그의 희망은 좌절되었고, 결국 그는 뉴포트에 철학 학회를 세운 것으로 만족해야만 했어요.

버클리는 1731년에 잉글랜드로 돌아오면서 자신의 계획을 위해 준비해 두었던 많은 책과 부동산을 예일 대학에 기증하였습니다. 현재 예일 대학의 기숙사 중에는 그의 이름을 딴 곳도 있답니다.

버클리는 50세 무렵인 1734년에 조국 아일랜드로 돌아와 클로인의 주교로 활동하기 시작했습니다. 그는 많은 지식과 경험을 지역 사회를 위해 쓰고자 하였습니다. 그리하여 가난한 사람들의 경제적 사정이나 교육, 건강 등 생활 향상을 위해 아낌없는 시간과 노력을 쏟아 부었지요. 그는 죽기 6개월 전까지도 실천적인 관점에서 많은 글을 썼답니다.

버클리는 1752년에 부인과 함께 옥스퍼드에 정착했습니다. 그리고 1753년 1월 14일 자는 듯이 눈을 감고 세상을 떠났다고 해요. 장례식은 그의 유언에 따라 2주일 뒤에 치러졌다고 합니다. 오늘날 우리는 옥스퍼드 주교 관구의 성당인 그리스도 교회 예배당에서 그의 무덤을 찾을 수 있어요.

'주교'는 버클리를 일컫는 말입니다. 그가 죽은 지도 벌써 250여 년이 지났군요. 하지만 오늘날에도 여전히 버클리는 자신이 주교로서 봉사한 지역사회의 주민들 사이에서 그저 '주교'로 통하고 있어요. 그만큼 그는 아일랜드 사람들에게 존경과 사랑을 받고 있답니다.

이 책에서 미지와 성한이는 1724년의 더블린에서 버클리를 만나게 됩니다. 더블린에서 만난 버클리는 어떤 사람일까요? 이제 미지와 성한이를 따라 더블린의 버클리를 만나러 철학 여행을 떠나 볼까요?

2008년 10월

심형규

C O N T E N T S

프롤로그

"미지야. 뭐하니? 성한이까지 지각하겠다."

아래층에서 엄마가 소리쳤어요. 그러자 옆에서 성한이가 "괜찮아요" 하고 말했어요. 이층에 있는 미지에게도 그 소리가 다 들렸어요.

아. 성한이요?

성한이는 미지가 아기였을 때부터 친구로 지낸 아이에요.

아주 오래 전, 성한이는 자기보다 두 달 늦게 태어난 미지를 보고 방긋거리며 웃었어요. 그래서 성한이 아버지가 농담처럼 말했어요.

"이 아이들, 나중에 크면 결혼시킵시다."

아버지 말에 사람들은 깔깔 웃으며 다들 찬성했어요. 바로 그 자리에서 말이죠.

"어떻게 그럴 수가 있어?"

처음으로 그 사실을 알게 되었던 날, 미지는 엄마에게 항의했어요.

"엄마는 그러면 안 되잖아."

미지는 소리쳤어요. 엄마가 '미안하다. 미지야' 라고 말할 줄 알았거든요. 그런데 자꾸 웃기만 하잖아요.

"엄마니까, 허락한 거지."

미지는 황당했어요.

"그게 말이 돼? 엄마는 뭐든 다 해도 괜찮은 거야?"

"엄마와 성한이 엄마는 세상에 둘도 없는 친구야. 그리고 성한이는 너 다음으로 예쁜 아기였지. 너희들이 서로 좋아하는 것 같아서 결혼하면 좋겠다는 생각이 든 거야."

"그러니까 그게 어째서 결혼 약속까지 하는 이유가 되는 거냐고? 내 의견은 물어보지도 않고."

미지가 아무리 화를 내도 엄마는 미안한 기색 없이 말했어요. 그때, 엄마는 성한이와 미지가 결혼을 하면 세상에서 제일 예쁜 부부가 될 거라고 믿었다는 거예요.

미지는 더 할 말이 없었어요. 미지는 세상에서 제일 예쁜 부부가 어떤 건지 몰라요. 그리고 세상에서 제일 예쁜 부부가 되고 싶은 생각도 없고요. 미지는 그냥 엄마 아빠하고만 살 생각이었거든요. 세상에서 제일 예쁜 딸로요.

미지는 옷을 다 챙겨 입고 계단을 내려갔어요.

"아야."

미지를 보자마자 엄마가 등을 때렸어요. 그래서 미지는 불 위의 오징어처럼 몸을 웅크리고 투덜거렸죠.

'엄마는 참. 하필이면 성한이 있을 때……'

이렇게도 말하고 싶었지만 참았어요. 사실 성한이는 미지가 엄마한테 맞는 걸 여러 번 봤거든요.

"다녀오겠습니다."

성한이는 미지의 손을 꼭 붙잡고 인사를 했어요. 엄마는 흐뭇하게 바라보았죠. 미지는 입술을 삐죽 내밀며 자신의 등을 문질렀어요.

"잘 다녀와."

"네."

성한이와 미지는 집을 나왔어요.

"학교 가니?"

옆집에 사는 아줌마가 말을 걸었어요. 둘이 손을 꼭 잡은 모습이 우스웠던지 입을 가리고 있었어요.

"네."

미지는 고개를 숙여 꾸벅 인사를 했어요. 성한이도 덩달아 인사를 했답니다.

"언제 봐도 사이가 좋네."

아줌마는 그렇게 말한 뒤 집 안으로 들어갔어요.

"우리가 사이가 좋아? 칫."

미지는 투덜거리며 성한이의 손을 놓았어요.

"나중에 결혼할 사이니까 사이가 좋아야지."

"흥. 너 혼자 많이 하셔."

미지는 혀를 날름 내밀고 앞으로 뛰어갔어요.

"야! 같이 가자."

성한이가 뒤쫓아 갔어요.

"네가 그러니까 애들도 놀리는 거야."

말은 그렇게 해도 미지는 성한이가 뒤쫓아 오는 게 기분 나쁘지 않았어요.

과거로 가는 통로

 진리를 탐구하는 가운데 정신을 가로막고 우리를 당혹시키는 장
애와 어려움들은 대상이 어둡고 복잡해서 생기는 것도 아니고,
오성 능력이 본래 뛰어나지 못해서 생기는 것도 아니다. 그 장애
와 어려움들은 이전부터 주장되어 온, 그리고 회피할 수 있는 그
릇된 원리들로부터 온다.

— 버클리

1 월요일의 아이들

미지의 반에서는 매주 월요일마다 짝꿍을 바꾸기 위해 여러 가지 게임을 해요. 오늘은 주전자 안에 남자아이들의 이름표를 넣었어요. 여자아이들이 이름표를 꺼내면 이름표의 주인과 짝꿍이 되는 거지요.

미지 차례가 되었어요. 미지는 슬쩍 성한이를 봤어요. 지난 석 달 동안 한 번도 짝꿍이 되지 못했거든요. 그런데 성한이는 은지와 노느라 미지 쪽은 쳐다보지도 않았어요.

'칫, 뭐야?'

미지는 주전자 안에 손을 집어넣으며 조그만 소리로 투덜거렸어요.

'이번에는 성한이와 짝꿍이 되면 좋을 텐데.'

그렇게 바라며 미지는 이름표를 꺼내 들었어요. 그리고 손가락 틈 사이로 보이는 이름을 천천히 봤어요.

노지호.

지호는 성한이와 가장 친하게 지내는 남자아이에요. 그 이름을 본 순간 미지가 얼마나 실망했는지는 아무도 모를 거예요.

"누가 나왔어?"

어느새 미지 옆에 와 있는 성한이가 물었어요.

"몰라도 돼."

미지는 성한이가 보지 못하게 이름표를 주머니에 넣어 버렸어요. 옆에서 지호가 자기 이름표인 걸 봤다며 실실 웃었어요.

"그래?"

성한이는 아무렇지도 않다는 듯 말했어요. 그때 은정이가 와서 성한이에게 이름표를 내밀며 말했어요.

"일주일 동안 잘 부탁해."

성한이는 새 짝꿍 은정이가 싫지 않았나 봐요. 머리를 긁적이며 은정이와 함께 자리로 가 앉았어요.

"우리 자리는 저기야."

지호가 가리킨 곳은 성한이 자리에서 두 칸이나 뒤에 있었어요.

"성한이랑 짝꿍하고 싶었지?"

자리에 앉자마자 지호가 물었어요.

"아니."

"성한이는 그렇다고 하던데."

"그래?"

미지는 기분이 좋았지만 겉으로 티를 내지는 않았어요.

지호는 미지에게 자기 필통을 보여 주었어요. 자기네 집은 문방구점이기 때문에 필통도, 연필도 전부 좋은 것만 쓴다고 자랑을 하면서요. 게다가 필요하면 자기 필통에 있는 연필을 쓰라고 하지 뭐예요.

"정말? 고마워!"

미지는 큰 소리로 말했어요. 앞에 앉아 있는 성한이에게 들릴 수 있도록 말이에요.

미지는 성한이가 다른 아이들이랑 친하게 지내는 게 좋은 일이

라고 생각해요. 미지도 그러니까요. 그런데 가끔 기분이 나빠지는
이유는 뭘까요?

　미지는 고개를 절레절레 흔들며 한숨을 내쉬었어요. 옆에서 지
호가 이상한 눈으로 쳐다봤지만 상관하지 않았어요.

　아이들이 자리에 앉자 선생님은 복사한 종이를 하나씩 돌렸어
요. 어떤 내용인지 모두 궁금해 했지요.

　"버클리의 생애"

　미지는 제목부터 읽었어요.

　"피클 이름이야, 뭐야?"

　옆에서 지호가 중얼거렸어요.

　"조지 버클리. 사람 이름이야."

　미지가 아는 척하며 말했어요. 제목 밑에 '조지 버클리는 1685
년에 아일랜드의 킬케니에서 태어났다' 라는 글을 읽었거든요.

　"이야. 너 어떻게 알았어?"

　지호는 탄성을 지르며 물었어요.

　'지호 바보.'

미지는 속으로 중얼거렸어요. 선생님이 나눠 준 종이를 읽으면 바로 알 수 있는 건데 말이에요. 호호.

"자, 여러분. 오늘은 버클리라는 사람에 관해 알아봅시다."

선생님은 월요일과 수요일 첫째 시간이면 철학 이야기를 들려주세요. 오늘은 버클리에 관해서 들려주시네요.

"버클리는 열다섯 살 어린 나이에 대학교에 입학한 뛰어난 학생이었어. 그곳에서 고전어, 철학, 논리학, 과학 그리고 신학을 공부했지. 대학을 졸업한 후에는 많은 책을 내면서 계속 공부를 했다고 해."

"에에? 열다섯 살에요?"

"우와, 천재다."

아이들이 저마다 탄성을 질렀어요. 미지도 깜짝 놀랐어요.

'우와. 열다섯 살에 대학에 입학했다고? 나랑 두 살 차이잖아.'

"우리 나이로 치면 열여섯 살이라고 보는 게 맞겠지? 우리나라에선 태어나자마자 한 살로 치기 때문에 같은 년도에 태어나더라도 다른 나라 사람보다 한 살씩 많단다."

미지는 또 놀랐어요. 속으로 한 말인데 선생님이 그 말에 답을 해 준 것 같았거든요.

"자, 밑에 글을 읽어 보자. 누가 읽는 것이 좋을까? 미지가 한 번 읽어 볼래?"

미지는 종이를 들고 일어섰어요. 그리고 헛기침을 한 번 한 뒤 낭랑한 목소리로 읽기 시작했어요.

버클리의 대표적인 작품으로 《하일라스와 필로누스의 세 대화》가 있습니다. 여기에서 버클리는 대화를 통해 자신의 철학을 설득력 있게 말합니다.

버클리는 그 시대의 과학 이론을 잘 이해하고 있었습니다. 새로운 과학은 우주가 궁극적으로 물질로 이루어져 있다고 가정합니다. 그러나 버클리는 이러한 과학의 주장을 있는 그대로 받아들일 수 없었습니다. 심지어 새로운 과학적 가정이 기독교에 위협이 된다고 생각했습니다.

이러한 사상적 배경에서 시작된 버클리의 관념 이야기는 우리로 하여금 신이 존재한다는 확신에 이르도록 합니다.

"좋아, 거기까지. 미지 목소리는 언제 들어도 또랑또랑하네."

선생님이 칭찬하자 앞에 앉아 있는 성한이가 돌아보았어요. 그리고 혀를 쏙 내밀더니 재빨리 다시 앞을 보았어요.

"어휴, 저게."

"응? 뭐라고 했니?"

작게 말했는데 선생님이 들었나 봐요. 얼마나 당황했던지 미지는 두 손을 휘저으며 아무것도 아니라고 말했어요.

"버클리가 살았던 17세기는 전통적 세계관이 무너지기 시작한 때였어. 코페르니쿠스, 갈릴레이, 케플러, 뉴턴 같은 새로운 과학자들이 나타나면서 근대 과학 혁명이 최고조를 달리던 때였거든.

근대 과학 혁명으로 인해 사람들은 세계가 기계적인 법칙에 의해서 움직이고 있다고 생각하게 되었어. 과학적 입장에서 보면 종교에서 믿는 인격신은 의미가 없어. 왜냐하면 세계는 누가 다스리는 게 아니라 자연법칙에 따라 움직이는 것뿐이니까. 그리고 바로 이 자연법칙을 아는 것이 근대 과학의 목표였단다."

선생님이 알기 쉽게 설명해 주었어요. 그러니까 17세기에는 과학이 발전해서 기독교의 신이 의미가 없어졌다는 말인 것 같았어요. 미지는 똑똑한 편이라 선생님이 어려운 말을 해도 잘 알아듣는답니다.

그런데 앞에 앉은 성한이는 무슨 뜻인지 알고 있을까요? 밤톨 같은 머리통을 이리저리 흔드는 걸 보니 무슨 말인지 모르는 것 같기도 하고…….

갑자기 성한이가 한쪽 손을 번쩍 들었어요.

"성한이, 왜?"

"종교의 인격신이라면 하느님이나 부처님 같은 걸 말하는 거예요?"

"응. 의인화가 된 신이라고 볼 수 있지. 과학에서 물질은 중요한 거야. 그래서 눈에 보이지 않는 건 믿지 않는 거지."

"당연하잖아요. 눈에 보이지 않는데 어떻게 믿어요?"

성한이가 말하자 아이들이 "우와" 하고 탄성을 질렀어요. 미지도 내심 놀랐지만 새치름하게 앉아서 가만히 듣기만 했어요.

"마음은 눈에 보이지 않지? 그런데 너희들은 마음이 있다고 생각하잖아."

선생님이 차근차근 설명했어요. 그런데도 성한이는 이해가 안 되었나 봐. 고개를 갸우뚱하는 것이 보였어요.

"하지만 선생님, 마음은 보이지 않지만 느낄 수 있잖아요. 느끼니까 있다고 믿는 거고요."

미지는 자신도 모르게 '아아' 하고 탄성을 내질렀어요. 장난꾸

...ctor about this. You obvious
...ity and assimilation. While the
...te numbers of immigrants are
...ratively small, concentrations
...increased...
...numbe...
...and illegally
...and low skil...
...ions contribute to...
...diversity, and tension...
...among countrie...
...ns about cultura...
...al identity, integ...

Regarding Korean food they
like the most, 17 percent said
"bibimbap" (steamed rice with
assorted...
percent and...
"bu...g" and gal...
...
...
ers to try Korea...
...ng Korean food does hav...
competitiveness.
More than 72 percen...
said they would visit K...
...estaurants when the...
their homelands i...
...compared...

Europe's population ag...
will undergo a
transformation, with
declines in the working
...
5 years or o...
...9, fo...
...dec...
...illion
...
...absence of immigr...
...projected decline in the
ages are m...
...lation ag...

...father's last sto...
...he has been in...
...memories of vacation...
...and pass them on t...

...afford the upkeep on two h...
...a current home and second...
...liked my extended family vi...
...the summer and stay...bu...
...He does...want his relatives...

...he family can afford to b...
...house forever, and I can't live...
...make him move...

My husband wants to...
...it...says w...too to...
...house anyway. I suggest...
...house just to see how we...
...en our own kids to play...

...buy this house in front...

러기 성한이가 어떻게 저런 생각을 했을까요? 미지는 성한이가 달라 보였어요.

"좋은 의견이구나. 느끼긴 하지만 눈에 보이지 않으니까 있는지 없는지 확신할 수는 없어. 하지만 눈에 보이지 않는 것도 있다고 생각한다면 마음도 존재하는 것이 되어 버리지."

선생님이 말했어요.

"뭔가를 믿으려면 증명이 필요하잖아요. 증거가 없는데 어떻게 믿어요?"

"그걸 버클리가 증명했단다. 이번 주 철학 시간에는 그것에 관한 이야기를 할 거야. 어때? 너희들은 신이 있다고 믿니?"

아무도 대답하지 않았어요. 서로 눈치만 살폈죠. 그때 미지가 번쩍 손을 들었어요.

"그래, 미지야. 말해 보렴."

"신은 있어요!"

미지가 큰 소리로 말했어요. 그러자 앞에 앉아 있던 성한이가 뒤돌아보았어요. 미지는 성한이에게 잠깐 눈길을 주었다가 선생님을 똑바로 쳐다봤어요. 선생님이 자기 의견을 말할 때에는 상대방의 눈을 쳐다보는 게 좋다고 가르쳐 주었거든요.

"왜 그렇게 생각하니?"

선생님이 물었어요. 미지는 잠깐 머뭇거렸어요. 주장을 하기는 했지만 그 이유까지 생각하지는 않았거든요.

미지는 교실 안을 두리번거렸어요. 그러다가 문득 세상에 정말 많은 것이 있다는 생각이 들었어요. 그래서 당당하게 말했죠.

"신이 없다면 이 세상을 누가 만들었겠어요?"

"그래? 자연 법칙에 따라 만들어진 것일 수도 있잖아?"

"그 자연 법칙도 신이 만든 것일 수 있잖아요."

"그래, 그렇게 생각할 수도 있겠다. 다른 의견은 없니?"

아이들은 대답이 없었어요. 그러자 선생님이 정리를 했어요.

"신의 존재를 믿든 믿지 않든 그건 너희들 몫이야. 하지만 한번 생각해 보렴. 그래서 수요일 아침에 좀 더 깊이 있는 대화를 나누었으면 좋겠는데. 어때?"

"네!"

선생님 말이 끝나자 아이들은 합창하듯 큰 소리로 말했어요. 미지는 누구보다도 더 크게 대답했어요. 성한이보다 더 깊이 생각하고, 성한이보다 더 논리적으로 말하겠다고 다짐하면서 말이에요.

2 미지, 책방에 가다

미지는 무언가 골똘히 생각하느라 천천히 걸었어요. 그 옆에서 성한이도 미지의 발걸음에 맞춰 걷고 있었어요.

오후 세시의 볕은 뜨거웠어요. 성한이는 손으로 차양을 만들어 해를 가렸어요. 그러다 한쪽 손을 슬쩍 미지의 이마에 댔어요. 아무 말도 하지 않던 미지가 성한이를 쳐다봤어요.

"넌 진짜 신이 없다고 생각하니?"

성한이에게 미지가 대뜸 물었어요. 성한이는 미지가 왜 그런 질문을 하는지 이해할 수가 없었어요. 그 문제는 아침에 학교에서 다 이야기한 것으로 생각했거든요. 미지와 그런 이야기를 진지하게 해 본 적도 없었고요.

"그렇다고 했잖아."

"아니, 도대체 왜?"

"아침에 말했잖아. 눈에 보이지 않는 건 믿지 않는다고."

"그건 말이 안 돼. 선생님도 그러셨잖아. 마음도 눈에 보이지 않지만 있는 거라고."

"마음은 그냥 느끼는 거지. 그리고 마음을 믿지는 않잖아. 근데 신은 믿어야 한다고 하잖아. 난 신 같은 거 믿지 않아."

"그러니까, 왜?"

"과학적이지 않으니까. 증거도 없고 증명할 수도 없고. 그걸 어떻게 믿어? 그건 바보 같은 일이야. 사람들이 신을 믿는 건 뭔가를 원하기 때문이지. 신에게 기도하면 뭐든 다 이루어질 수 있다고 생각해서. 그런 건 정말 바보 같아."

성한이는 이제까지 미지가 한 번도 본 적 없는 진지한 모습으로 말했어요. 그래서 미지의 눈에는 지금 성한이의 모습이 아주 낯설게 느껴졌어요.

게다가 화도 났어요. 신을 믿는 일이 바보 같다는 건 미지도 바보 같다고 평가하는 것이나 마찬가지잖아요.

"너 그런 말 하다가 벌 받아."

미지가 그렇게 말하자 성한이는 입술을 삐죽 내밀었어요.

'헹! 그럼 그렇지. 너도 겁먹었구나.'

미지는 생각했어요.

"그래서 싫다는 거야. 신도 그렇고 신을 믿는 사람들도 그렇고, 믿지 않으면 벌 받는다고 협박하잖아. 보이지 않으니까 되는 대로 말해 버리지."

성한이는 그렇게 톡 쏘아붙이며 미지보다 앞장서서 걸어가 버렸어요.

"야!"

미지가 불렀지만 성한이는 뒤돌아보지 않았어요. 미지는 부아가 치밀어 견딜 수가 없었어요.

"절교다, 절교."

미지는 그렇게 중얼거리며 혼자 집으로 갔어요. 정말 다시는 성한이랑 말하지 않겠다고 다짐하면서요.

방 안에 들어간 미지는 옷도 갈아입지 않고 침대에 누웠어요.

그리고 성한이와 했던 대화를 곰곰이 생각해 봤죠.

아무리 생각해도 미지는 성한이가 틀린 것 같았어요. 그런데 왜 틀렸는지, 어떻게 틀렸는지 말할 수가 없었어요.

"쳇, 쳇!"

미지는 머리가 복잡했어요. 그래서 물구나무를 섰어요. 물구나무를 서면 생각이 정리되는 기분이 들거든요.

그렇게 오분 정도 지났을 거예요. 갑자기 좋은 생각이 떠올랐어요. 미지는 방을 나와 엄마를 불렀어요.

"아유, 시끄러워. 엄마가 멀리 도망 갔을까 봐 그렇게 시끄럽게 부르니? 왜?"

"용돈 좀 주세요."

"오늘 아침에 준 용돈은 어쩌고?"

"칫. 겨우 천원 가지고."

"돈이 왜 필요해? 엄마가 다 사 주는데. 옷도 음식도 책도."

"조금만 주세요."

"알았어. 우리 딸이 뭐가 필요한지 들어나 보고."

"책 살 거야."

"책? 자습서랑 문제집은 학기 초에 다 사줬잖아. 며칠 전에 사

준 동화책도 다 안 읽어 놓고. 그런데 무슨 책을 또 산다는 거야?"

"철학 책."

"철학 책?"

엄마는 깔깔 웃었어요. 철학 책이 웃긴 말도 아닌데 왜 웃는지 알 수가 없었어요. 그래서 미지는 두 뺨을 부풀려 심술궂은 아이처럼 서 있었어요.

"우리 미지가 철학이라는 말을 사용할 나이가 되었구나. 그래, 사고 싶은 철학 책이 뭐야?"

"버클리라는 철학자가 있어. 그 사람에 관한 책을 살 거야."

"버클리?"

"엄마도 알아?"

"아니. 엄마는 몰라. 미지가 사 오면 엄마도 읽어 봐야겠다. 우리 딸이 관심을 가진 최초의 철학자니까."

엄마는 그렇게 말하며 미지에게 돈을 줬어요.

"고맙습니다."

돈을 받자마자 미지는 밖으로 뛰어나갔어요. 천천히 가라는 엄마의 말은 귓등으로 들었어요. 빨리 사 가지고 와서 빨리 읽고 싶었거든요. 내일 성한이에게 지지 않으려면 밤을 새워서라도 읽어야 했으니까요.

책방은 성한이 집을 지나쳐 백 미터 떨어진 곳에 있어요. 하지만 미지는 엄마가 거의 책을 사다 주기 때문에 책방에는 가 본 적이 없어요. 그 맞은편에 있는 만화방은 성한이랑 자주 놀러 갔지만요.

미지는 책방으로 들어가는 것이 괜히 쑥스러워 문밖에서 기웃거렸어요. 책방 안에는 할아버지 한 분이 앉아서 졸고 있었어요. 다른 손님은 아무도 없었어요.

"아이, 참."

미지는 할아버지의 잠을 깨우고 싶지는 않았어요. 그래서 조심스럽게 문을 열었어요.

"어."

정말 조용히 열었다고 생각했는데 아니었나 봐요. 할아버지가 번쩍 눈을 떴어요. 미지는 그 모습에 겁을 먹고 자신도 모르게 뒷걸음질을 쳤어요. 그러자 할아버지는 다시 눈을 감았어요. 그리고 온화한 목소리로 말했어요.

"마음껏 둘러보렴. 나는 자고 있을 테니까."

"예."

미지는 책방을 둘러봤어요. 정말 많은 책이 있었어요. 구수하지만 쉰 듯한 냄새가 나는 것 같았어요. 미지는 그 냄새가 책 냄새라고 생각했어요.

"책방은 따뜻하구나."

미지는 중얼거렸어요. 책장에 있는 책 하나하나 모두 자기만의 이야기를 가지고 있겠죠? 책들은 누군가 읽어 주기를 기다리며 이렇게 손님이 들어올 때마다 재잘거리고 있을지도 몰라요.

'나를 선택해 줘요. 나를 읽어 줘요.'

"미안하지만 난 찾는 책이 있어."

미지는 그렇게 말하며 철학 코너에서 발걸음을 멈췄어요.

"버클리. 버클리."

미지는 열심히 버클리를 찾았어요. 몇 분인가 지나 버클리를 발견한 미지는 탄성을 질렀어요. 버클리의 책이 다섯 권이나 있었거든요.

《새로운 시각론》, 《인간지식의 원리론》, 《하일라스와 필로누스의 세 대화》, 《운동론》은 버클리가 쓴 책이었어요. 그리고 《버클리의 철학》이란 책은 우리나라 사람이 버클리에 대해 쓴 책이었고요.

다섯 권의 책 중 하나를 고르긴 해야겠는데 쉽지가 않았어요. 왜냐하면 다들 아주 어려워 보였거든요.

"선생님이 주신 프린트는 쉬웠는데……."

"그래, 이 책들은 네가 읽기에 좀 어려울 것 같구나."

언제 왔는지 할아버지가 뒤에 서서 말했어요.

"아이고, 깜짝이야."

"저런. 놀라게 했다면 미안하구나. 버클리 책을 찾니?"

"예."

"아직 초등학생으로 보이는데 어떻게 버클리를 알아?"

"학교에서 배웠거든요."

"그랬구나. 흠……. 네가 읽을 만한 게 어디 있었던 것 같은데, 한번 보겠니?"

"예."

"잠시만 기다려라. 그 책은 좀 꺼내기가 힘들거든."

할아버지는 계산대 옆에 있는 사다리를 들고 왔어요. 그리고 철학 책을 모아 둔 책장에 사다리를 놓았죠.

"잘 팔리지 않는 책은 높이 둔단다. 그런데 오늘 주인을 만났으니 내려올 때가 되었구나."

할아버지는 느릿느릿 올라가며 말했어요. 책장은 천정까지 닿아 있었어요. 가장 높은 곳에 있는 책은 사다리를 이용하지 않으면 꺼낼 수 없을 것 같았어요. 당연히 어떤 책이 있는지 잘 보이지 않았죠.

"저런 곳에 있는 책은 할아버지만 찾을 수 있을 것 같아요."

"맞아, 나만 알지. 그래서 내가 찾아 주는 게 훨씬 빠를 때가 많단다. 아! 찾았다. 여기 있구나."

할아버지는 팔을 밑으로 뻗어 미지에게 책을 건네주었어요.

《아이들이 읽는 철학 이야기 ― 버클리》

미지는 제목을 읽었어요. 아이들이 읽는 철학 이야기니 쉬울 거라는 생각이 들었어요. 게다가 대충 훑어보니 그림도 있었어요.

"그런데 이건 무슨 뜻이에요?"

미지는 첫 페이지에 있는 그림을 뚫어지게 쳐다보았어요. 하지만 도무지 알 수가 없었어요. 한 번도 본 적이 없는 이상한 모양이었거든요. 그래서 할아버지에게 책을 내밀며 물었어요.

"등불이야."

"예? 세모와 동그라미가 이상하게 그려져 있는데요?"

"삼각형 두 개가 이어진 것은 등을 표현한 거고 원은 불빛을 그린 거야."

"이런 그림을 왜 여기다 그렸을까요?"

"등불은 지혜를 뜻해. 그러니까 지혜를 찾아가라는 뜻 아닐까?"

그림의 뜻을 알게 된 미지는 그 책이 더욱 마음에 들었어요. 그래서 더 고를 생각도 없이 책의 가격을 물었어요.

"그냥 가져가거라."

"네?"

"네가 아니었으면 이 책은 십 년이고 이십 년이고 저 높은 곳에 있어야 했을 거야. 그냥 선물로 주고 싶구나."

"하지만……."

책을 그냥 가져가기에는 미안했어요. 그래서 망설였죠.

"그럼 천 원만 주렴."

할아버지가 말했어요. 그제야 미지의 얼굴이 밝아졌어요.

"고맙습니다!"

책방을 나온 미지는 책을 꼭 안고 집으로 향했어요.

책값은 비밀이에요. 미지는 책을 사고 남은 돈을 엄마에게 주지 않을 거니까요.

3 비어 버린 방

"책은 샀니?"

미지는 아무렇게나 신발을 벗고 방으로 뛰어갔어요. 엄마가 물었지만 "네!" 하고는 뒤도 돌아보지 않았죠.

미지는 침대에 누워 책을 펼쳤어요.

"흐음, 좋다."

미지는 코를 킁킁거리며 책 냄새를 맡았어요. 오래된 종이의 깊은 냄새가 났어요. 미지는 이제껏 오래된 책의 좋은 냄새를 맡아 본 적이 없었거든요. 그래서 이 책은 미지에게 더 특별한 책이 되어 버렸어요.

첫 번째 장을 펼쳤어요. 약간 누렇게 바랜 종이 위에 등불 그림이 그려져 있었어요. 두 번째 장엔 큰 글씨로 '버클리의 철학'이라고 쓰여 있었어요. 세 번째 장엔 목차가 있었죠.

그리고 네 번째 장을 펼쳤어요.

버클리가 살았던 시대의 과학자들은 우주가 하나의 거대한 기계와 같다고 주장했다. 그래서 신이나 인간의 정신은 그 기계에 빌붙어 있는 것으로 생각했다. 말하자면 신이나 인간은 이 거대한 우주에서 있어도 그만 없어도 그만인 존재였다.

하지만 버클리가 보기에 이는 뿌리부터 잘못된 생각이었다. 왜냐하면 종교와 도덕의 뿌리를 흔들 위험이 있기 때문이다. 따라서 버클리는 참된 종교와 도덕을 지키기 위해서라도 우주를 기계처럼 바라보는 생각은 없어져야 한다고 보았다.

여기까지 읽은 미지는 고개를 갸웃거렸어요. 아침에 선생님이 나누어 준 프린터에도 있었던 내용이었거든요. 선생님도 그렇게 말했고요. 그러니까 별로 새로울 것도 없는 내용이었어요.

미지는 마음이 급했어요. 신이 있다는 사실을 입증할 수 있는 내용이 필요했거든요. 성한이를 꼼짝 못하게요.

미지는 몇 장을 훌훌 넘기며 읽었어요. 하지만 처음부터 차근차근 읽지 않았더니 무슨 내용인지 알 수가 없었어요. 그래서 책장을 다시 앞으로 넘겼어요. 그때 손가락이 전기에 감전된 듯 찌릿했어요.

"앗!"

깜짝 놀란 미지는 얼른 책에서 손을 뗐어요.

"놀래라."

미지는 손가락을 주물럭거리며 투덜거렸어요.

미지는 책을 덮고 침대에 편안하게 누웠어요. 잠시 쉴 생각이었어요.

"미지야."

아래층에서 엄마가 부르는 소리가 들렸어요.

"왜?"

"잠깐만 내려와 봐."

"바쁜데. 아이, 참."

미지는 무겁게 몸을 일으켰어요. 그리고 문 쪽을 향해 걸어갔어요. 그 순간 이상한 소리가 들렸어요.

나는 사물의 존재를 반대하는 것이 아니네. 내가 부정하는 것은 철학자들이 물질 혹은 물질적 실체라고 부르는 것이네.

미지는 뒤돌아보았어요. 어떤 목소리가 뚜렷하게 들렸는데 방 안엔 아무도 없었어요.

"뭐, 뭐야?"

미지는 겁이 났어요. 그래서 더욱더 목소리의 주인을 확인하고 싶었어요. 침대 머리맡에 있는 오디오에서 나는 소리일지도 몰라요. 그래서 미지는 오디오가 켜져 있는지 확인하기로 했어요.

"미지야! 빨리 내려와 보라니까."

일 층에서 엄마가 재촉했지만 미지는 오디오에 살금살금 다가가 귀를 대 보았어요. 아무 소리도 들리지 않았어요.

스피커에서 귀를 떼고 다시 문 쪽으로 향했어요. 그런데 갑자기 등 뒤에서 세찬 바람이 불었어요. 창문이 열려 있는 걸까요?

미지는 뒤를 돌아보았어요.

"뭐야?"

미지는 당황했어요. 창은 닫혀 있었거든요.

그때였어요. 귀에서 '윙' 하는 소리가 들려왔어요. 그와 동시에 침대 위에 있는 버클리의 책에서 바람이 불기 시작했어요. 아무도 손을 대지 않았는데도 책장이 빠른 속도로 넘겨지고 있었어요.

미지는 책을 뚫어지게 쳐다보았어요. 그러자 책은 거짓말처럼 움직임을 멈췄어요. 미지는 조금씩 몸을 움직여 방문 손잡이를 잡았어요. 그러자 다시 바람이 일기 시작했어요.

잔뜩 겁을 먹은 미지는 재빠르게 문을 열려고 했어요. 등 뒤에서 회오리바람이 불었어요. 그러나 뒤돌아볼 수가 없었어요. 방을 빠져나가야겠다는 생각밖에 들지 않았거든요.

그때였어요. 바람이 실타래처럼 미지의 몸을 휘감았어요.

"어어어!"

미지는 짧은 비명을 질렀어요. 자신의 몸이 어디론가 끌려 들어가는 걸 느끼는 동시에 정신을 잃고 말았어요.

4 책이 들려주는 이야기 하나

안녕, 미지. 나는 오늘 네가 선택했던 책이야.

난 서점 안에서 긴 시간을 보냈단다. 많이 외로웠어. 왜냐하면 아무도 날 읽어 주지 않았으니까. 그런데 네가 나를 선택해 준 거야. 그 순간의 기쁨을 어떻게 표현할까? 어떻게 감사의 말을 전할까? 난 나름대로 고민을 많이 했단다.

그러다가 네가 버클리에 관심이 많으니까 직접 보여 주는 것이 좋겠다는 생각이 들었어. 그래서 버클리가 살았던 세상으로 보내 주기로 한 거야. 많이 놀랐지? 더 편안하게 가는 방법이 있었으면 좋았을 텐데. 내 힘이 그 정도밖에 안 돼.

버클리의 세상으로 가기 전에 몇 가지만 말해 줄게.

버클리가 출생한 17세기는 그 이전의 전통적 세계관이 무너지고 새로운 과학혁명이 일어나던 때야. 그래서 사람들은 신을 믿기보다 기계적인 자연의 법칙을 알고자 했지. 이 이야기는 이미 알고 있지? 학교에서 선생님께 배웠으니까.

과학이 혁명적으로 발달하는 데는 수학의 영향이 막대했어. 당시 사람들은 이성으로 깨달은 자연법칙을 간단한 수학 방정식으로 나타낼 수 있다고 믿었으니까. 갈릴레이는 이런 말도 했어. '자연이라는 커다란 책은 그 책의 언어를 아는 사람만이 읽을 수 있다. 그 언어는 수학이다.'

이러니 당시 분위기가 어땠는지 알 만하지?

당시 사람들은 신이 우주 만물과 자연법칙을 만들어 놓고 더는 간섭을 안 한다고 생각했단다. 그래서 그 법칙만 잘 알고 이용한다면 신이 있든 없든 잘 살 수 있다는 거지.

버클리는 바로 그것을 비판했단다. 자연이 그저 법칙에 따라 기계적으로 돌아가는 거라면 사람들은 더는 신을 믿으려 하지 않겠지. 그럼 종교는 파괴되고 사람들의 도덕적 의식도 무너지게 돼. 결국 세상은 악의 천지가 되는 거지.

그래서 버클리는 종교를 옹호하고 과학을 새롭게 해석하려고 노력했어. 특히 뉴턴과 로크의 사상을 비판하면서 독특한 자신의 관념철학을 세우게 된 것이지.

버클리가 살았던 시대의 과학 사상가들은 세계를 어떻게 이해했나요?

버클리가 출생한 17세기는 이전의 전통적 세계관이 무너지고 근대 과학 혁명이 최고에 이르던 때입니다. 이 혁명은 코페르니쿠스, 갈릴레이, 케플러, 뉴턴 등의 새로운 사상을 가진 과학자들이 이끌었어요.

유럽은 아리스토텔레스 이후 약 16세기까지 목적론적 세계관을 전통으로 삼고 있었습니다. 목적론적 세계관은 자연현상을 일으키는 목적과 기능, 의미 등을 이해하는 것을 중요하게 여기지요. 이는 고대 그리스의 자연철학과 중세의 기독교적 세계관에 잘 나타나 있답니다.

이에 반해 근대 과학 혁명이 낳은 새로운 세계관은 종래의 목적론적 세계관을 기계론적 세계관으로 바꾸었습니다. 이는 자연현상의 각 부분이 기계처럼 규칙에 따라 서로 연결되어 있다고 생각합니다. 그리하여 새로운 세계관은 중세 기독교인들이 주장하는 천상 세계와 지상 세계의

이원적 세계관을 종합하면서, 이 세계가 하나의 자연법칙 아래에서 움직이고 있음을 보여 줍니다.

다른 한편으로 새로운 세계관은 고대의 원자론적 세계관과 닮은 기계론적 세계관을 가집니다. 고대의 원자론적 세계관은 물질적인 원자들과 그것들이 움직이는 공간으로 세계가 이루어져 있다고 주장합니다. 그에 반하여 근대의 과학적 세계관은 입자(물질을 구성하는 아주 미세한 알맹이)들을 창조하고 그것들을 지배하는 법칙을 만든 존재로서 신이 있다고 가정합니다.

이러한 신은 더는 중세 기독교적인 사랑과 정의의 인격신을 뜻하지 않습니다. 근대의 세계관에서는 인간처럼 의인화되어 계시를 내리는 신은 더 이상 의미가 없지요. 신이 스스로 창조한 세계는 신이 부여한 기계적 운행 원리인 자연법칙에 따라 움직입니다. 이러한 자연법칙을 아는 것이 바로 근대 과학의 목표였지요.

근대의 새로운 세계관은 자연과학의 발달에서 비롯되었습니다. 특히 수학 발달이 막대한 영향을 끼쳤지요. 근대의 과학 사상가들은 이성을 통하여 세계를 지배하는 법칙을 깨닫고, 이를 간단한 방정식으로 나타낼 수 있다고 믿었답니다. '자연은 일종의 수학책'이라는 갈릴레이의 주장에서 잘 알 수 있듯이 말이에요.

이러한 생각의 밑바탕에는 이성에 대한 깊은 믿음이 자리하고 있어요. 근대 과학 사상가들은 이성을 굳게 믿으면서, 주관적인 요소가 거의 없는 순수한 관찰과 탐구 자세를 강조하였습니다. 이렇게 하여 그들은 우리가 참되고 진정한 세계에 다가설 수 있다고 생각했어요.

근대의 세계관은 사물과 그것을 알고 싶은 사람 즉, 주관과 객관을 구분하여 세상을 바라보았습니다. 그리고 사물이 우리에게 드러나는 모습이 아닌, 자신 안의 본래 속성만이 세계의 본질적인 특성이라는 것을 아주 중요하게 생각합니다.

그렇다면 버클리는 당시 과학 사상가들의 세계관을 어떻게 비판했을까요?

버클리는 당시의 유행하던 근대 철학과 과학을 비판적인 눈으로 바라보았어요. 그는 뉴턴으로 대표되는 기계론적 · 입자론적 세계관이나 데카르트와 로크의 근대 인식론이 세계의 참된 모습을 보고자 하는 우리를 회의주의에 빠뜨린다고 생각했어요. 왜냐하면 이 이론들은 세계가

마치 벽으로 둘러싸여 우리가 알 수 없는 것처럼 생각하게 만듭니다. 그래서 세계가 실제로 있는지 없는지, 세계의 참된 모습이 무엇인지 판단할 수 없게 해서 결국 불신을 만들기 때문이지요.

또한 버클리는 이러한 세계관이 사람들로 하여금 신의 존재가 세상을 살아가는 데 상관없다고 여기게끔 한다고 비판합니다. 즉, 이 이론은 신이 이 세계를 창조하고 뒤에 물러나 있음으로써 창조자의 역할만 했을 뿐이라고 주장하는 것이지요. 그래서 사람들이 세계는 신의 간섭 없이 기계적 법칙에 의해 움직이며, 인간은 그것을 알고 이용하면 된다고 생각했다는 거예요.

이러한 생각은 세계와 신을 서로 떼어 내어, 신을 쫓아버리고 이 세계만 절대시하는 것과 같습니다. 버클리는 이를 정확히 읽어 냈습니다. 그는 근대적 세계관이 무신앙·무신론·반종교의 믿음을 퍼뜨려서 종교의 몰락을 낳을 거라고 주장했지요. 그리고 이것은 결국 도덕의 타락을 가져오는 악의 원인이 될 것이라고 비판하였습니다.

1724년 더블린에서 버클리를 만나다

 존재하는 것은 즉, 지각되는 것과 같다.　— 버클리

1 넌 누구니?

윌리엄은 자신이 이제 열세 살에 불과한 소년이라는 게 늘 불만이었어요. 어른들은 윌리엄에게 잔소리만 하니까요. '이거 해라, 저거 해라, 이건 하면 안 돼, 저건 하면 안 돼' 하면서요.

'정당하지 않아.'

윌리엄은 그럴 때마다 생각했어요.

따지고 보면 윌리엄이 어른들과 다른 점은 하나밖에 없어요. 키가 작다는 거죠. 그 외엔 모든 게 같잖아요. 그런데 어른들은 윌리엄에게 자꾸만 명령만 해요. 어쩌다 윌리엄이 자기 뜻을 말하기라도 하면 버릇없다고 꾸짖으면서요. 그래서 윌리엄은 어른을 별로 좋아하지 않아요. 이웃집에 사는 버클리만 빼고요.

윌리엄은 버클리를 스승으로 생각한답니다. 버클리는 윌리엄보다 나이가 훨씬 많지만 무조건 가르치려 하지 않아요. 이것저것 요구하지도 않고요. 오히려 버클리와 대화를 나누다 보면 어른이 된 것 같은 기분이 들지요. 왜냐하면 버클리는 항상 윌리엄의 말에 귀를 기울여 주니까요.

오늘도 아침부터 윌리엄은 버클리를 만나기 위해 집을 나왔어요. 엄마가 잔소리를 했지만 귓등으로 흘려버렸죠.

빵 가게와 옷 수선 집을 지나 버클리의 집에 도착한 윌리엄은 언제나 그렇듯 활짝 열려 있는 대문 안으로 들어섰어요. 그리고 작고 아름다운 정원을 지나 현관에 다다랐어요.

집 안에 들어서자마자 윌리엄은 버클리의 이름을 크게 부르는 버릇이 있어요. 그러면 서재에서 버클리가 나와 반갑게 맞이해 주거든요.

그런데 오늘 윌리엄은 버클리를 부르지 않았어요. 소파 위에 잠들어 있는 여자아이를 발견했거든요. 윌리엄은 여자아이는 이제까지 한 번도 본 적이 없는 옷을 입고 있었어요. 게다가 그 아이는 좀 달라 보였어요. 여느 아이들처럼 노랗거나 빨간 머리가 아니었거든요. 칠흑처럼 검은 머리카락이었죠. 또 다른 여자아이들처럼 새하얀 피부도 아니었어요. 레몬 껍질보다 옅은 피부색이었죠.

"뭐지?"

윌리엄은 선뜻 다가서지 못하고 마냥 쳐다보기만 했어요.

그때였어요. 여자아이가 몸을 뒤척이며 들어 본 적이 없는 언어로 말을 했어요. 윌리엄은 깜짝 놀랐어요. 그러나 용기를 내기로 했죠. 소파 위에 누워 있는 여자아이가 누군지 정말 궁금했거든요. 그래서 슬금슬금 다가갔어요. 그때 여자아이가 갑자기 눈을 번쩍 떴어요.

"아!"

여자아이와 눈이 마주친 윌리엄은 깜짝 놀라 뒤로 물러섰어요.

'맙소사! 눈동자가 정말 까매.'

여자아이는 벌떡 일어났어요. 그리고는 굉장히 당혹스러운 얼굴로 주위를 둘러보았어요.

"누구니? 넌?"

여자아이는 대답하지 않았어요.

"선생님이 데려온 애니?"

윌리엄이 다시 물었어요. 여자아이는 아무 말 없이 윌리엄을 쳐다보기만 했어요. 마치 꿈속에 있는 듯한 표정으로요.

갑자기 여자아이는 겁에 질린 표정을 지었어요.

"괜찮아. 난 그냥 네가 누군지 궁금해서 물어보는 것뿐이야."

윌리엄은 여자아이를 안심시켜 주고 싶었어요.

"여, 여긴 어디야?"

여자아이가 말했어요. 윌리엄은 다행이라는 생각이 들었죠. 자기가 한 말을 여자아이가 알아듣지 못할까 봐 걱정이 되었거든요.

"여기? 여긴 버클리 선생님 집이잖아."

"버클리?"

여자아이는 깜짝 놀라 되물었어요.

"응."

"거짓말."

"거짓말이라니?"

"버클리는 옛날에 죽은 사람이잖아. 게다가 버클리는 더블린에 살았는걸."

여자아이는 이상한 말을 하고 있었어요. 아주 짧은 순간이긴 하지만 윌리엄은 여자아이의 머리가 잘못된 건 아닌가 생각했어요.

"여긴 더블린이야. 그리고 선생님은 여기 계셔. 여긴 선생님 집이거든."

윌리엄은 여자아이가 놀라지 않게 차근차근 설명했어요. 그런데도 여자아이는 윌리엄의 말을 믿지 못하는 것 같았어요.

그때 서재 문이 열리고 버클리가 나왔어요.

"윌리엄. 왔으면 서재로 들어오지 않고?"

"선생님."

윌리엄은 버클리를 반갑게 불렀어요.

"그런데 저 소녀는 누구니?"

버클리가 물었어요.

"선생님 손님 아니었어요?"

윌리엄이 되물었어요.

"아니, 나는……."

버클리는 말하다 말고 여자아이의 행색을 살폈어요. 그리고 윌리엄이 그랬던 것처럼 깜짝 놀라서 여자아이 쪽으로 다가갔어요.

"넌 동양인이구나. 어쩌다 여기 더블린까지? 아니, 어떻게 내 집에?"

버클리가 물었지만 여자아이는 울 것 같은 표정으로 쳐다보기만 했어요.

"널 어쩌려고 하는 게 절대 아니야. 그러니 그렇게 겁먹을 필요는 없단다."

버클리는 부드러운 어조로 여자아이를 달랬어요. 이건 분명 이해할 수 없는 상황이었어요. 하지만 여기 있는 세 사람 중 가장 당혹스러울 사람은 여자아이일 거예요.

"누구니, 넌?"

버클리가 다시 물었어요.

"전……."

여자아이는 버클리와 윌리엄을 번갈아 보았어요. 그리고 천천히 입을 열었어요.

"미지예요."

2 진짜 더블린, 진짜 버클리

미지가 말하는 동안 버클리와 월리엄은 듣기만 했어요. 멀리 한 국이라는 나라에서 왔다는 말은 그렇다 쳐도 다른 일들은 다 거짓 말 같았어요. 미래에서 왔다는 건 있을 수 없는 일이거든요.

월리엄은 미지가 거짓말을 하고 있다고 생각했어요. 그래서 슬 쩍 버클리를 쳐다보았죠. 그런데 버클리는 무언가를 골똘히 생각 하느라 월리엄을 쳐다보지도 않았어요.

"깨어났더니 여기였어요. 이게 다예요."

미지가 말을 끝냈어요. 버클리는 아무 말 없이 그냥 앉아 있기만 했어요.

긴 침묵이 흘렀어요. 미지는 답답했어요. 모든 이야기를 했는데, 앞에 있는 두 사람은 아무 반응이 없었으니까요.

"그런데 여기가 정말 더블린이에요?"

미지가 침묵을 깨며 물었어요. 이 상황을 믿을 수가 없었어요. 이런저런 이야기를 하는 동안 미지 자신도 이게 꿈은 아닐까 생각했을 정도라니까요. 그래서 두 사람이 못 믿더라도 할 수 없다고 생각했어요. 미지 자신도 믿지 못할 것 같았으니까요.

"선생님. 저 여자아이 머리가 좀 이상한 거 아닐까요?"

윌리엄은 버클리의 귓가에 속삭였어요. 그러나 미지에게까지 들릴 정도로 소리가 컸어요.

"아냐. 나 이상하지 않아."

미지가 항의했어요.

"아. 그, 그래."

윌리엄은 당황했어요. 그래서 미지의 얼굴은 쳐다보지도 못하고 중얼거리듯 말했죠.

"진짜 더블린이냐고요?"

미지는 버클리에게 다시 물었어요. 목석처럼 가만히 앉아 있던 버클리가 일어났어요. 그리고 창 쪽으로 가서 두꺼운 커튼을 걷었어요.

"이리 와 보렴."

버클리는 창문까지 활짝 열고 말했어요.

"저, 저요?"

"그래. 미지라고 했지? 미지야. 여기로 와 봐."

미지는 버클리에게 다가갔어요. 그리고 버클리가 시키는 대로 창밖을 바라봤어요.

"아!"

미지는 자기 눈앞에 펼쳐진 광경을 믿을 수가 없었어요.

창밖에는 한 번도 본 적이 없는 건물과 거리의 풍경이 펼쳐져 있었어요. 확실히 한국과는 다른 분위기였어요. 백설공주나 신데렐라가 살았던 시대에나 있을 법한 분위기였죠.

물방울이 뚝뚝 떨어지기 시작했어요.

"비가 또 내리기 시작했구나."

버클리가 중얼거렸어요.

"믿을 수가 없어요."

미지는 비를 맞으며 지나가는 사람들을 보며 중얼거렸어요. 거리에 있는 사람들은 모두 버클리나 윌리엄처럼 생겼어요. 미지와 같은 동양인은 한 사람도 없었어요.

다들 옷차림도 이상했어요. 남자들은 허리 밑까지 내려오는 검은 재킷을, 여자들은 긴 드레스를 입고 있었어요. 마치 옛날을 배경으로 한 서양 영화의 한 장면을 보는 듯했어요.

"그럼 아저씨가 진짜 버클리예요?"

미지가 버클리에게 물었어요.

"그래."

"그러니까, 《하일라스와 필로누스의 세 대화》를 쓴 그 버클리요? 조지 버클리요? 아, 《운동론》이란 책도 썼죠? 정말 그 버클리예요?"

"대단하구나. 어떻게 그렇게 잘 알고 있니?"

"말했잖아요. 아저씨에 대해 조금 배웠다고요. 다 읽지는 못했지만 어떤 책을 썼는지는 알아요. 그러니까, 진짜 여긴 더블린이고, 아저씬 진짜 버클리네. 아, 어떻게 된 거지? 정말 제가 바람을 타고 여기까지 왔다는 거예요?"

미지는 그제야 실감이 났어요. 엄마 아빠와 떨어져 먼 곳에 혼자 와 있다는 사실을요. 다시 돌아갈 수도 없는 먼 과거로 와 버렸다는 걸 말이에요.

"괜찮아?"

다리에 힘이 풀린 미지가 쓰러질 듯 휘청거리자 윌리엄이 부축했어요.

"몰라. 어떻게 해."

미지는 정말 울고 싶었어요. 그런데 눈물이 나지 않았어요.

"소파로 데려가는 것이 좋을 것 같구나."

버클리가 말했어요.

윌리엄은 미지를 소파에 앉혔어요. 그동안 버클리는 창문을 닫고 다시 커튼을 쳤어요. 바람이 창을 두들기는 소리가 들렸어요.

세 사람은 한동안 빗소리를 들으며 또 침묵을 지켰어요.

"미지야. 신은 말이다."

이번엔 버클리가 먼저 침묵을 깨트렸어요.

"의미 없는 일을 행하시지는 않는단다. 네가 여기에 온 것도 신의 뜻일 거야. 언젠가 네가 살던 곳으로 보내 주시겠지. 그러니 여기 있는 동안은 아무 걱정하지 말고 잘 지내보도록 하자."

"하지만 영영 못 돌아가면요? 엄마 아빠를 못 보게 되면 정말 나는 어떡해요?"

"신을 믿으렴. 신께선 그렇게 가혹하신 분이 아니란다."

버클리가 말했지만 미지는 혼란스럽기만 했어요.

"하지만……."

미지의 눈에 눈물이 맺혔어요.

"괜찮단다. 어린 친구야. 나와 윌리엄이 너를 도와줄 거야. 그러니까 아무 걱정도 하지 않아도 된단다."

버클리가 미지의 머리를 쓰다듬었어요.

"그래. 나도 네 친구가 되어 줄게."

옆에서 윌리엄이 거들었어요.

"고맙습니다. 고마워."

미지는 작은 목소리로 말했어요.

앞으로 어떤 일이 일어날지 몰라도 계속 걱정만 하고 있을 수는 없었어요. 혼란스럽지만 이것이 신의 뜻이라면 미지에게 나쁜 일이 일어나지 않을 거라고 믿어야죠. 엄마 아빠 속을 좀 썩이기는 했지만 신에게 벌을 받을 정도로 나쁜 짓을 한 적은 없으니까요.

3 더블린에서의 점심

"시내도 구경할 겸 밖에서 점심 먹자. 어때?"

버클리가 제안했어요.

"좋아요."

윌리엄이 찬성했어요.

"저도요!"

미지도 찬성했죠. 사실 마음을 다잡고 나니 밖으로 나가고 싶어서 안달이 날 지경이었거든요. 이왕 이렇게 되었으니 더블린 시내를 마음껏 구경하고 싶었어요.

세 사람은 시내로 나갔어요. 그런데 사람들이 힐끗힐끗 쳐다보았어요. 구경을 하러 나갔는데 오히려 구경을 당하는 셈이었지요.

"아마 동양인을 본 적이 없어서 그럴 거다. 게다가 옷차림도 특이하고."

버클리가 말했어요.

"동물원의 원숭이가 된 기분이에요."

"하하. 너도 저 사람들을 그렇게 보면 되잖니?"

"그러려고요."

말은 그렇게 했지만 사실 쉽지 않았어요. 미지는 자꾸만 버클리의 뒤로 가서 몸을 숨기며 걸었어요.

"흠. 식당에 가기 전에 잠깐 들릴 데가 있구나."

갑자기 버클리가 발걸음을 돌렸어요. 그 때문에 미지는 버클리와 부딪칠 뻔했어요. 옆에서 윌리엄이 재빠르게 미지의 팔을 잡아당겨 주지 않았다면 그렇게 됐을 거예요.

"어디를 들르시게요?"

윌리엄이 물었어요.

"가 보면 알 거다."

그렇게 말하는 버클리의 입가에 미소가 번졌어요.

두 아이가 버클리를 따라 들어간 곳은 옷가게였어요.

"우와! 예쁘다."

미지는 진열된 옷들을 보느라 정신이 없었어요. 동화 속 공주님들이 입을 법한 드레스가 가득 있었거든요.

"어머. 예쁜 동양 소녀군요. 인형같이 생겼어요."

옷가게 주인이 말했어요.

"이 아이에게 어울릴 만한 옷을 골라 주시겠습니까?"

"네. 잠시 기다려 주세요."

주인이 옷을 고르는 동안 세 사람은 소파에 앉아 이런저런 이야기를 나누었어요. 윌리엄이 매일같이 버클리의 집을 드나드는 이야기와 버클리가 대학에 다녔을 때의 이야기를 들었죠.

"그럼 아저…… 아니, 선생님은…….."

"괜찮다. 네가 편한 대로 부르렴."

"아저씨라고 해도 돼요?"

"그럼."

"선생님이라고 하면 왠지 어렵게 느껴져서요. 그럼 아저씨는 대학에서 신학뿐만 아니라 고전어, 철학, 논리학, 과학까지 공부하신 거네요? 게다가 문학사 학위까지 받았고요. 아저씨에 관한 책을 읽었을 때 조금 믿기 어려웠거든요. 그 많은 공부를 어떻게 다했나 싶어서요."

"모든 학문은 연관성을 가지고 있단다. 예를 들어 문학이란 것도 현실과 전혀 상관없는 게 아니야. 문학을 이해하기 위해선 현실이나 역사를 이해해야 하는 거야. 현실이나 역사를 더 깊이 이해하기 위해서 철학을 알아야 하고."

"그렇군요. 나도 어른이 되면 아저씨처럼 똑똑한 사람이 되고 싶어요."

"똑똑한 사람보다는 지혜로운 사람이 되는 게 좋을 것 같구나. 그럴 수 있지?"

"네."

미지가 씩씩하게 말했어요. 그러자 옆에서 윌리엄도 그럴 수 있다고 대답했어요.

"이 옷이 잘 어울릴 것 같은데 어때요?"

옷가게 주인이 레이스가 많이 달린 흰 드레스를 보여 주었어요.

"머리카락과 눈이 까매서 흰색을 입으면 돋보일 거예요."

미지는 흰 드레스가 마음에 들었어요. 그래서 바로 갈아입었죠.

"정말 예쁘구나."

탈의실에서 나온 미지를 본 사람들은 탄성을 내질렀어요. 정말 인형처럼 예뻤거든요.

미지는 한결 기분이 좋아졌어요. 이제는 버클리 뒤에 숨지 않아도 될 것 같았어요. 그리고 사실 미지 눈에도 거울에 비친 자신이 너무 예뻐서 다른 사람들에게 보여 주고 싶었거든요.

옷가게를 나온 세 사람은 버클리가 자주 가는 레스토랑으로 향했어요. 길을 걷는 동안 많은 사람들이 쳐다보았어요. 레스토랑에 막 들어섰을 때에도 식사를 하던 많은 사람들이 미지에게 눈길을 주었죠.

"연예인이 된 기분이에요. 그래서 그냥 즐기기로 했어요."

미지는 웃으면서 말했어요.

"연예인?"

"네. 그러니까 배우나 가수 말이에요."

"아."

레스토랑에서 일하는 사람이 의자를 내어 앉을 수 있는 자리를 마련해 주었어요. 미지는 고맙다고 인사를 한 후에 우아하게 앉았어요.

"미지는 정말 적응력이 빠르구나."

"네. 엄마도 그런 말을 했어요. 그게 장점이기도 하지만 단점이기도 하대요."

"왜?"

"버릇없어 보일 때도 있다고요."

"하하. 버릇없어 보이진 않는데……. 뭘 먹을까?"

"스테이크요. 아무래도 양식일 테니까요."

"하하. 미래의 동양에도 스테이크가 있나 보구나."

음식이 나오자 셋은 맛있게 먹었어요. 옆 테이블에서 남자 몇명이 과학에 관해 토론하는 이야기가 들렸어요.

"과학이 발전해서 가장 크게 이룩한 건 신이 없다는 사실을 증명한 거지."

중절모를 쓴 남자가 말했어요.

"보이지 않는 존재를 믿는다는 게 말이 될 일인가?"

그 앞에 앉아 있는 남자가 말했어요. 미지는 그 말을 듣는 순간 깜짝 놀라서 그만 포크를 떨어뜨렸어요. 어쩌면 그렇게 성한이랑 똑같은 말을 할 수 있을까요?

"정말 문제구나."

그들의 이야기를 가만히 듣고만 있던 버클리가 말했어요.

"죄송해요. 포크를……."

"아, 아니다. 그 때문이 아니란다. 사람들이 과학에 대해 말하는 걸 듣고 한 소리야."

"사실 제 친구도 저쪽에 앉은 아저씨와 비슷한 말을 했거든요. 그런데 전 아무 말도 하지 못했어요. 그래서 아저씨 책을 읽으려고 했던 거예요."

"그랬구나."

"전 신의 존재를 믿어요. 그런데 그걸 어떻게 말해야 할지 모르겠어요."

"과학이 발달하면서 사람들은 물질만을 중요시하게 되었어. 그러니까 당연히 물질이 아닌 신을 믿지 못하는 거야."

"그렇게 생각하는 사람들에게 해 줄 수 있는 말은 없을까요?"

"하하. 미지는 정말 사람들을 설득하고 싶구나. 그런데 무작정 설득한다고 되는 것은 아니지. 만약 자신의 견해가 옳다면 그것을 논리적으로 증명할 수 있어야 해."

"그건 저도 알고 있어요."

"그래? 그럼 한 번에 모든 것을 알려고 하지 말고 천천히 알아보도록 하자. 뭔가를 이해하기 위해서는 반드시 단계가 필요한 법이니까."

"네."

미지는 당장이라도 듣고 싶었어요. 신이 존재한다는 설명을 말이에요. 하지만 버클리의 말대로 천천히 알아가야 한다는 사실도 깨닫게 되었어요.

"혹시 로크라는 사람을 아니?"

버클리가 물었어요.

"예전에 철학 수업 시간에 잠깐 들은 적은 있어요."

"로크는 인간이 어떻게 사물을 인식하고, 그에 대한 지식을 어떻게 얻는가 하는 물음에서부터 철학적인 사색을 시작한단다. 그리고 아주 단순한 사실에서 그 문제에 대한 실마리를 찾게 되지. 바로 인간의 '경험'이야."

"그건 나도 말할 수 있는데……."

윌리엄이 시시하다는 듯 시큰둥한 표정을 지었어요.

"그렇지만 경험을 어떻게 이해하는가에 따라 전혀 다르게 세계를 바라보게 되지. 마치 달을 보고 사람들이 제각기 달리 상상하듯이 말이야."

"그렇군요."

미지가 고개를 끄덕였어요.

"나 역시 경험이 사물을 아는 원천이라는 로크의 말에 동의해."

미지는 갑자기 버클리가 심각해지는 표정을 보았어요.

"그런데 말이야. 로크가 경험을 통해 본 세계는 잘못되었어."

"신이 있다는 것도 세계에 대한 이해와 관계가 있나요?"

미지가 궁금한 듯 버클리를 쳐다보면서 물었어요.

"물론이지."

버클리는 들고 있던 포크를 식탁에 내려놓으려고 했지만 미지
와 윌리엄이 말렸어요. 버클리의 점심식사를 방해하고 싶지 않았
거든요.

4 책이 들려주는 이야기 둘

미지야, 날 기억하고 있지?

넌 지금 깊이 잠들었지만 내가 할 말들을 다 들을 수 있을 거야.

버클리를 직접 만나 보니 어땠어? 누구나 다 가질 수 있는 기회가 아니니까 네가 알고 싶은 걸 많이 물어봤으면 좋겠어.

오늘 식당에서 버클리와 로크에 관한 이야기를 했지? 그런데 아주 간단하게 끝난 것 같아서 내가 좀 더 설명을 해 주고 싶어.

로크는 경험을 인식의 통로라고 생각해. 그는 우리가 물질적 대상을 경험함으로써 사물에 대한 지식을 얻는다고 말했지. 우리는 경험 속에서 '감각'과 '반성'을 통하여 마음속에 관념을 만들고 있는 거란다.

우리가 흰색과 검은색을 구별하는 것, 짜고 신맛을 구별하는 것, 딱딱함과 부드러움을 구별하는 것은 감각을 통해 사물의 기본 성질을 파악하는 과정이야. 이렇게 해서 우리는 사물에 대한 관념을 만들고 있어. 다시 말해 로크의 주장은 우리가 초콜릿이 딱딱하고 단맛이 나는 검은색의 고체임을 아는 것은 감각을 통해서 얻어낸 초콜릿에 대한 관념 때문이라는 거야.

또한 경험은 반성이라는 다른 측면을 가지고 있어. 반성은 감각을 통해 얻은 관념을 파악함으로써 2차적으로 생겨나는 정신의 활동을 말해. 즉, 그 관념을 근거로 의심하거나 추론하는 정신 활동이지. 감각에 의해 초콜릿의 관념을 얻은 후 그 관념을 근거로 초콜릿은 맛있는 음식이니까 상품화해서 돈을 벌어야겠다고 생각하는 경우, 우리는 반성을 하고 있는 거야.

이렇게 경험(감각과 반성)을 통해 얻은 관념들은 단순하거나 복잡한 것이지. 그래서 로크는 이러한 관념들을 '단순관념'과 '복합관념'으로 구분했어. 우리의 감각을 통해서 마음에 생겨나는 단순관념들은 흩어져 남아 있지 않고, 정신의 활동(추론과 사유)으로 합쳐지기도 하고 나누어지기도 하지. 그리고 복합관념에 의해 사물은 분리되기도 하고 통합되기도 해.

또한 로크는 물질적 대상의 성질을 제1성질과 제2성질로 분리했어. 제1성질은 물체로부터 때어낼 수 없는 사물의 형태, 연장, 운동 등 물체의 직접적인 성질을 말하지. 반면에 제2성질은 색깔, 소리, 향기처럼 우리가 감각을 통해 알게 되는 사물에 대한 인간의 주관적인 관념이야. 이 관념은 물체가 가진 객관적 성질이라고 볼 수 없어.

로크는 이러한 물질적 대상의 성질들을 어떤 '실체'가 갖게 한다고 생각해. 하지만 그는 합리주의자들의 이론처럼 실체와 속성 같은 형이상학적 요소를 끌어들이지는 않아. 오히려 그는 그러한 점을 비판하면서 우리는 실체에 대해 완전히 모른다고 말하고 있어. 즉, 실체는 그저 존재할 뿐 그것이 무엇인지는 말할 수 없다는 거야. 감각을 통한 경험을 중시하는 로크에게 감각을 떠나 있는 실체를 안다는 것은 애당초 불가능한 일이 아닐까?

버클리는 로크의 이러한 물질적 실체를 인정하는 입장을 거부한단다. 그가 남긴 '존재하는 것은 지각되는 것이다' 라는 말은 바로 로크에 대한 반대 구호라고 생각해도 될 거야. 그러면서 버클리는 로크보다 더욱 철저한 경험주의를 주장했어.

오늘은 여기까지만 할게. 버클리도 말했잖아. 차근차근 알아가야 한다고. 그리고 무언가를 말하려면 깊이 생각해야 한다고.

그러니 지금은 푹 자렴. 안녕.

뉴턴 과학에 대한 비판과 경험주의

버클리는 뉴턴의 동력학(운동의 힘에 관한 학문)에서 시작하여 자신의 경험주의를 발전시키고 있어요.

뉴턴은 《프린키피아》에서 시간·공간·운동을 절대적인 것과 상대적인 것, 실재적인 것과 현상적인 것, 수학적인 것과 상식적인 것으로 구분했지요. 그러면서 절대적 시간·공간·운동을 과학의 대상으로 다루어야 한다고 주장해요. 버클리는 바로 이러한 구분에 대하여 비판했습니다.

뉴턴이 말하는 절대 시간과 절대 공간은 물리적 대상들이 속해 있는 시공간이 아니랍니다. 물리적 대상들과 동떨어져 있는 독립적인 시공간 개념이지요. 그는 시간이 물리적 대상들 너머에 있고, 물리적 대상들은 관념 너머에 있다고 말해요.

버클리는 뉴턴이 말하는 절대적 시공간 개념을 비판하면서 그것은 상

대적임을 주장합니다. 물리적 대상들은 우리 마음에 의존하여 시간 속에 존재합니다. 그리고 시간은 대상들 간의 관계 속에 있지요. 말하자면 시간은 마음에 따라 좌우되는 것이랍니다.

버클리에 의하면 우리는 각자의 마음속 관념의 수나 관념의 행동에 따라 시간 관념을 가질 수 있을 뿐입니다. 버클리의 시간 이론은 철저히 경험론적이라고 할 수 있지요.

버클리는 시간이 마음에 의존하는 것과 마찬가지로 공간과 운동 역시 관계적이라고 보았어요. 그는 뉴턴이 사물과 관계없는 절대적인 공간을 주장하는 것에 반대했지요. 버클리는 공간과 물리적 대상을 분리해서 생각하거나 그 대상들을 우리 마음과 관계없는 것으로 볼 수 없다고 해요. 공간은 시간과 마찬가지로 마음에 의존하고 있습니다. 왜냐하면 공간은 공간적인 사물에 의존하고 그 사물들은 마음에 의존하니까요.

우리는 공간에 대해 말할 때 "이것은 저것의 왼쪽에 있고 이것은 저것으로부터 얼마만큼 떨어져 있다"라고 하지요. 여기에서 공간은 감각 대상에 대하여 언제나 상대적일 뿐입니다. 절대 공간이란 있을 수 없지요. 즉, 모든 대상은 다른 대상과 관계를 맺으면서 그 위치가 정해질 뿐입니다.

운동에 관해서도 마찬가지입니다. 뉴턴은 '절대 운동'이 있다고 주장합니다. 배의 갑판 위를 역방향으로 걷는 사람을 생각해 봅시다. 그는 동시에 배가 움직이는 방향과 자신이 걸어가는 방향 즉, 서로 반대되는 두 방향으로 움직이는 셈이 됩니다.

모든 운동이 상대적이라면 우린 그가 동시에 다른 방향으로 운동하고 있다고 해야 하는 어려움이 생겨요. 하지만 절대 운동을 인정한다면 우리는 그가 배의 방향대로 움직이고 있다고 말할 수 있을 거예요. 그래서 뉴턴은 우리가 절대 운동을 인정해야만 한다고 주장했답니다. 이에 대해 버클리는 절대 운동을 가정하지 않고서도 운동의 상대성에서 비롯하는 어려움으로부터 벗어날 수 있다고 말합니다. 뉴턴이 말한 운동하는 우주는 매우 크기는 하지만 버클리는 분명히 한계가 있다고 말합니다. 더 광범위한 우주에 대해서는 상대적으로 작다고 할 수 있지요. 버클리에게 있어 모든 운동은 상대적이기 때문에, 한 물체를 제외한 모든 물체가 없어졌다고 가정할 때 그 물체는 결코 혼자 스스로 운동할 수 없게 되는 거예요.

　버클리는 또한 '힘', '중력' 같은 추상적인 개념들이 물체 안에 있는 필연적인 성질이라고 생각하는 과학자들을 비판합니다. 그는 물체 속에 들어 있는 힘은 자연에 본래부터 있던 것이 아니라, 단지 수학적인 가설일 뿐이라고 말하지요. 버클리는 수학적 가설이 우리가 사는 세계가 아닌 거짓된 수학적 세계를 만든다고 생각했어요. 그리고 그 가설들은 올바른 결과를 이끌어 내는 데에만 사용하고, 그러한 수학적 세계가 실제로 있다고 생각하면 안 된다고 말했지요. 이처럼 절대적 공간과 시간, 운동 그리고 중력과 같은 개념은 수학적 가설이기 때문에 버클리는 뉴턴의 이론을 비판할 수밖에 없었던 거예요.

　버클리의 과학 이론은 철저히 경험주의적이랍니다. 그에게 있어서 과학은 단지 우리가 실험을 통해 관찰된 사실들을 편리하게 요약해 놓은 것일 뿐이에요. 즉, 우리가 경험한 자연현상을 체계적으로 기술해 놓은 것에 불과하지요. 따라서 과학자는 우리가 일상생활에서 경험하는 내용을 일반화하고 이를 토대로 앞으로 일어날 현상을 예측하는 등의 활동을 통해 자연현상을 좀 더 체계적으로 설명하는 사람들인 것이지요.

물질적 실체를
인정할 수 없어

내가 내 눈으로 보며 내 손으로 만지는 물체가 실제로 존재한다는 것을 나는 조금도 의심하지 않는다. 철학자들이 물질 혹은 물질적 실체라고 부르는 것이 내가 부정하는 유일한 것이다.

— 버클리

1 엄마가 없어

미지는 집으로 돌아가는 꿈을 꾸었어요. 슬픔에 빠져 있던 부모님이 미지를 반겨 주었죠.

"엄마 아빠. 믿을 수가 없을 거야. 내가 어딜 다녀 왔는지."

미지는 두 눈을 반짝이며 말했어요.

"어디를 다녀왔는데?"

엄마가 물었어요.

"1724년의 더블린."

"뭐? 아일랜드의 수도인 더블린?"

"응. 그 더블린."

엄마와 아빠는 깜짝 놀라 서로 얼굴만 쳐다봤어요. 그러나 곧 엄마는 환하게 웃으며 말했어요.

"세상에! 장하구나, 내 딸."

"정말?"

"그럼. 정말이지."

미지는 매우 기분이 좋았어요. '장하구나, 내 딸' 한 번쯤 듣고 싶었던 말이었거든요.

갑자기 현관문이 열리면서 성한이가 들어왔어요.

"거짓말하지 마."

미지는 성한이의 말에 화가 나서 견딜 수가 없었어요. 그래서 소리쳤어요.

"거짓말 아니야! 거짓말 아니야!"

"괜찮니?"

미지는 눈을 떴어요. 침대 옆에는 버클리가 걱정스러운 얼굴을 하고 서 있었어요.

"우리 엄마 아빠는요?"

미지가 물었어요. 꿈인지 현실인지 알 수가 없었거든요.

"부모님이 보고 싶니?"

"그게 아니라, 방금 같이 있었는데……."

"꿈을 꾼 모양이구나."

버클리의 말을 들은 미지는 울음을 터뜨렸어요.

"엄마…… 엄마……."

버클리가 아무리 달래도 미지는 울음을 멈출 수가 없었어요. 아침잠이 많은 미지를 깨워 주고 아침밥을 차려 주는 엄마가 없다는 사실을 받아들일 수가 없었거든요.

"미지야. 들어 보렴. 우리는 사물을 지각한다고 생각하지만 사실은 색이나 소리 등을 지각할 뿐이야. 그리고 이것들은 모두 우리의 정신 즉, 마음속에 있어. 그러니까 우리는 물질의 성질을 지각할 뿐이지, 사물 자체나 물질적 실체를 지각하는 것은 아니야.

그러니까 말이다. 이렇게 생각해 보렴. 지금 네 곁에는 엄마가 없어. 하지만 네 마음속에는 엄마가 있지. 엄마가 어떤 사람인지, 어떤 마음을 가지고 있는지 알지? 엄마가 눈에 보이지 않기 때문에 지각할 수는 없어. 대신 마음속에서 네가 생각하는 엄마의 모

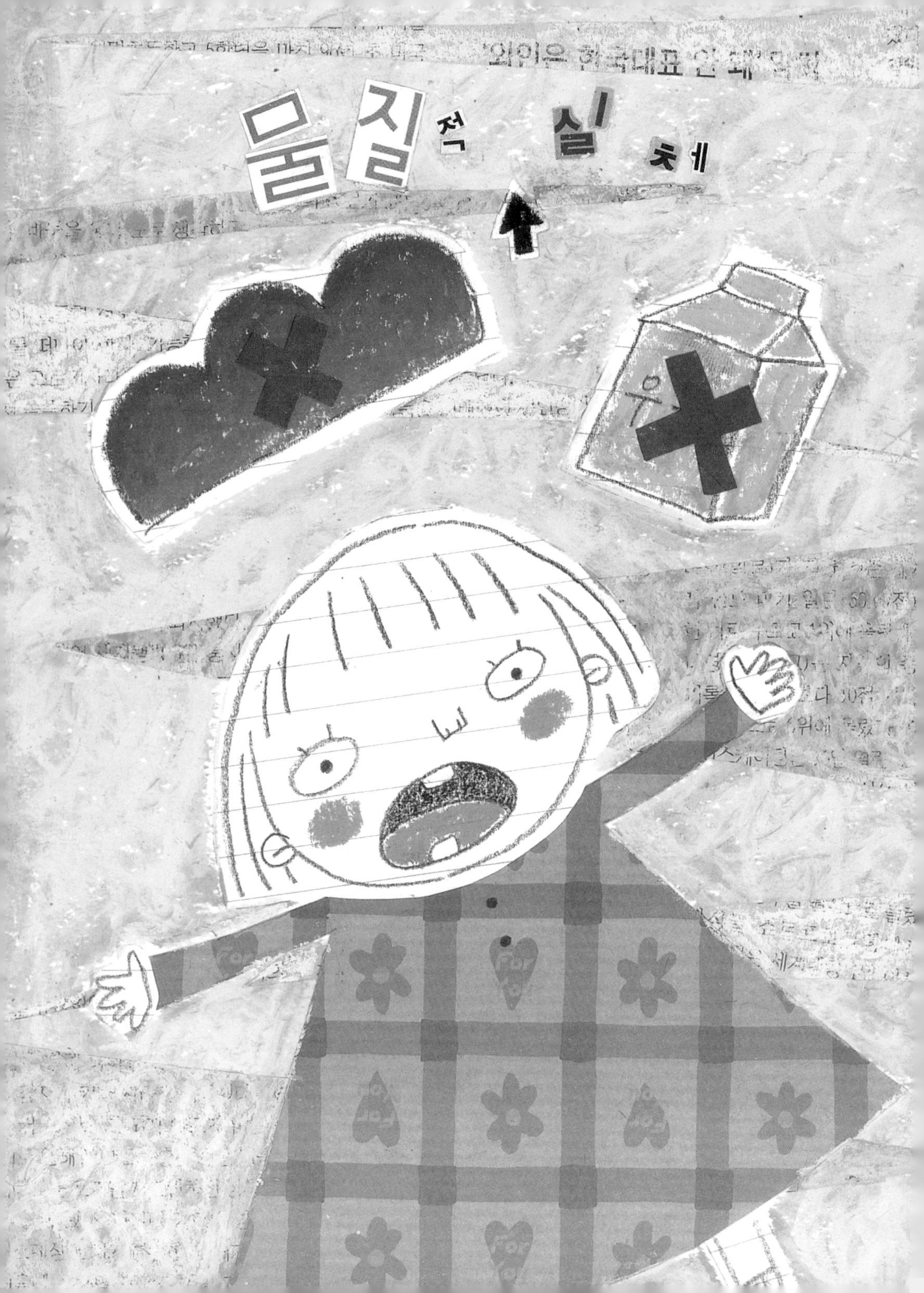
물질적 실체

습을 그려 볼 수는 있겠지. 나도 네가 가족에게 돌아가기를 바란단다. 하지만 지금은 그럴 수 없으니 스스로 위로를 하렴."

미지는 버클리의 말을 듣는 동안 조금씩 슬픔이 사라지는 느낌이 들었어요. 그리고 버클리에게 미안했어요. 사실 버클리는 처음 보는 미지를 자신의 집에서 지내게 해 줬잖아요. 그런데 아침부터 울어댔으니 얼마나 성가셨을까요.

"죄송해요. 아저씨."

"아니다. 내가 너와 같은 처지였다면 난 더 많이 울었을 거야."

"진짜요?"

"그럼. 진짜지. 세수부터 하렴. 밥 먹자."

미지는 버클리를 따라 거실로 나갔어요.

"잘 잤어?"

소파 위에 앉아 있던 윌리엄이 미지에게 인사했어요.

"너도 여기서 잤어?"

미지가 물었어요. 그러자 버클리와 윌리엄이 크크 웃었어요.

"윌리엄은 잠자는 시간 외엔 여기에서 살다시피 하지."

버클리가 말해 주었어요.

"왜?"

"난 선생님이 좋거든. 선생님의 철학 이야기를 듣는 것도 좋아하고."

"그래?"

버클리가 부엌에서 우유와 빵, 치즈, 과일 쨈을 들고 나왔어요.

"맛있겠다."

윌리엄이 말했어요.

"어제 점심, 저녁, 오늘 아침까지 여기서 밥을 먹는구나."

"왜, 싫으세요?"

"싫긴. 네가 먹는 모습만 봐도 배부른걸."

둘의 대화를 듣고만 있던 미지는 아까 버클리가 한 말이 생각났어요. 물질적 사물을 지각한다고 생각하지만, 사실은 그 성질을 지각한다는 말이요. 그게 잘 이해가 되지 않았어요. 그래서 미지는 그것이 무슨 의미인지 물었죠.

"자연과학에서는 물질이 있다고 믿지. 그런데 나는 물질을 인정하지 않는단다. 그래서 많은 사람들이 나를 비판하기도 해."

"잘 이해가 안 돼요. 아저씨. 여기에 있는 우유와 빵도 물질이잖아요. 우리가 믿고 안 믿고의 문제가 아니잖아요. 분명히 여기에 있으니까요."

"영리하구나, 미지는. 맞아. 내가 인정하지 않는 것은, 물질적 실체라고 불리는 바로 그것이란다. 우리의 사고 활동과 아무 관련 없이 떨어져 있는 물질적 실체 말이야.

"물질적 실체요?"

"예를 들어 뜨거운 것이 있다고 생각해 봐. 심하게 뜨거우면 고통스럽겠지? 고통은 마음속에 있는 거야. 그러므로 뜨거움이란 정신적인 거지. 다른 예를 들어 볼까? 네가 오늘 꾼 꿈을 생각해 봐. 꿈속에서 가족을 보았지? 꿈도 정신적인 것이야. 감각적으로 지각한 것이 아니고 경험했던 기억들이 얽혀서 떠오른 거지. 그러니까 물질적 실체가 있는 것이 아니라 우리들의 관념에 의해 물질이 지각되는 거야."

"와. 어렵다."

"그러니까 천천히 생각하면서 공부를 해야 하는 거지."

미지는 고개를 끄덕였어요.

"생각해 보니까 제가 아저씨를 만난 것도 그런 뜻인 것 같아요. 아저씨의 철학을 좀 더 자세하게 듣고 공부하는 것이요."

"왜 그런 생각을 했니?"

"믿으실지 모르겠지만 여기 오기 전에 누군가가 말을 걸었어요. 그리고 어제 잠들었을 때도 비슷한 말을 들은 것 같아요."

미지는 자신에게 말을 걸었던 그 목소리를 기억해 내려고 했어요. 그런데 아무리 생각해도 어떤 목소리였는지 기억이 나지 않았어요.

"어쨌든 오늘처럼 우는 일은 없을 거예요. 약속해요, 아저씨."

2 새 친구들

버클리가 서재에 들어가 글을 쓰는 동안 미지는 윌리엄과 시내에 나가 놀기로 했어요. 윌리엄은 미지가 집 안에만 있는 것이 안쓰러워 보였나 봐요. 그래서 윌리엄이 친구들도 소개해 주고 맛있는 것도 사 주겠다며 나가자고 권했죠.

사실 미지도 그러고 싶었어요. 그러나 사람들이 다시 동물원 원숭이 구경하듯 쳐다볼까 봐 내키지가 않았어요.

"뭐, 어때? 네가 예뻐서 보는 건데."

윌리엄이 말하자 미지는 뺨이 붉게 달아오르는 느낌이 들었어요. 그래서 뺨에다 손등을 올렸어요.

"너, 진짜 솔직하구나."

미지가 말했어요.

"너도."

둘은 버클리에게 인사하고 나서 집 밖으로 나갔어요.

윌리엄이 미지를 데려간 곳은 넓은 정원이 있는 공원이었어요. 그곳에서 몇몇 아이들이 공차기를 하고 있었어요. 그중에서 키가 제일 큰 아이가 윌리엄과 미지를 발견하고 그들이 있는 쪽으로 달려왔어요.

"안녕. 윌리엄."

키가 큰 아이는 미지가 누군지 굉장히 궁금했지만 인사를 건네지 못했어요. 그러자 윌리엄이 미지를 소개했어요.

"서로 인사해. 이쪽은 미지, 이쪽은 스콧이야."

스콧은 그제야 미지를 힐끔 쳐다보더니 윌리엄에게 귓속말을 했어요. 어느 나라 사람이냐고 묻는 거겠죠. 미지는 불쾌했어요. 사람을 앞에 두고 귓속말을 하는 건 예의가 아니잖아요.

그래서 미지가 먼저 말했어요.

"난 동양인이야."

스콧은 자신의 빨간 머리카락을 귀 뒤로 넘기며 히죽 웃었어요.

"동화책에서만 봤어. 멀리 동양에서 사는 사람들의 이야기는."

"촌스럽기는. 난 너희들 말고도 서양인들을 많이 봤는데."

"어떻게?"

"내가 사는 곳에서는 비행기도 있고 큰 배도 있어서 서양인들이 자주 오지. 우리나라 사람들이 외국에 나가기도 하고 말이야."

"큰 배는 우리나라에도 있다, 뭐? 그런데 비행기가 뭐야?"

"하늘을 나는 거야. 비행기를 타면 아무리 먼 곳이라도 갈 수가 있어."

미지가 이야기하는 사이 다른 아이들도 모여들어 듣기 시작했어요.

"거짓말. 하늘을 어떻게 날아?"

주근깨가 많은 아이가 물었어요.

"우리가 사는 세상에는 그래. 앗, 왜 이래?"

미지는 소스라치게 놀라 윌리엄의 팔을 붙잡았어요. 어떤 아이가 미지의 머리카락을 잡아당겼거든요.

"해리! 그러지 마."

윌리엄이 야단쳤어요.

"가발인지 확인해 보고 싶었단 말이야."

"그래도 그건 숙녀에 대한 예의가 아니야."

윌리엄이 점잖게 타이르자 해리는 미지에게 사과를 했어요.

아이들은 미지에게 듣고 싶은 이야기가 많았어요. 한국은 어떤 나라인지, 사람들이 어떻게 사는지 궁금했죠. 그래서 미지는 아이들에게 둘러싸여 많은 이야기를 들려주었어요. 한복이나 전통 가옥은 그림까지 그려 가며 설명했죠. 그리고 현대에 들어선 큰 빌딩과 자동차 이야기도 해 주었어요.

"정말 꿈같구나."

누군가 그렇게 말했어요.

"난 지금이 꿈같은걸."

미지가 말했어요.

"하지만 지금이 현실이잖아. 함께 마주 보면서 이야기하고 있는걸. 네가 하는 이야기는 단지 듣고 있을 뿐이고."

"그래. 그런데 내 마음속엔 내가 살던 곳도 현실이야. 눈에 보이지 않지만 눈에 보이는 것처럼 말이야."

"언제 돌아가?"

"몰라."

"몰라? 왜?"

"난 여기 어떻게 왔는지 모르기 때문에 가는 방법도 몰라."

미지의 말을 들은 아이들은 아무 말 없이 서로 눈치를 살폈어요. 왠지 미지가 안 됐다는 생각이 들었거든요.

"엄마 아빠가 보고 싶지 않아?"

누군가 말했어요.

"보고 싶지만 괜찮아. 너희들을 만났잖아. 언젠간 돌아갈 수 있겠지."

"네가 돌아가기 전까지 우리가 많이 놀아 줄게."

"나도."

"나도."

미지는 아이들의 위로에 힘을 얻었어요.

"고마워."

미지는 하얀 이를 드러내며 활짝 웃었어요.

아이들은 미지에게 함께 공놀이를 하자고 했어요. 그래서 미지는 오후 내내 아이들과 공놀이를 하며 시간을 보냈죠.

날씨가 정말 좋았답니다. 더블린은 원래 맑은 날이 드물거든요.

잿빛 하늘에서 언제 비가 내릴지 알 수가 없어요. 툭 하면 여우비가 내리거나 폭우가 쏟아지곤 하지요. 하지만 오늘만큼은 하늘이 맑고 푸르렀어요. 봄볕도 참 따스했고요.

3 책이 보낸 선물

미지와 윌리엄은 아이들과 헤어지고 나서 버클리의 집을 향해 걸어갔어요. 사람들의 시선은 이제 익숙해져서 아무렇지도 않았죠. 넓은 돌을 깔아 놓은 길을 걷는 느낌도 좋았어요.

고풍스러운 집들을 지나 가게가 많은 거리에 들어섰어요. 한국과 달리 간판들이 조그맣고 예뻤어요. 작은 가게가 따닥따닥 달라붙어 있는 게 정겹기도 했지요.

"사실 나는 네가 돌아가지 않았으면 좋겠어."

뭔가 할 말이 있는지 미지를 힐끔힐끔 보던 윌리엄은 결국 어렵게 말을 꺼냈어요.

"왜?"

"영원히 못 보잖아."

영원히. 미지는 그 말이 듣기가 좋았어요. 아는 단어지만 사실 사용할 일이 없었거든요. 그 말을 들으니 왠지 낭만적인 느낌이 들었어요.

"만약 내가 사는 곳으로 가더라도 나는 네 생각을 할 거야. 그러니까 영원히 못 보더라도 영원히 사라지는 것은 아니잖아."

"후후. 그런가?"

"뭐, 마음이 아프긴 하겠지."

그렇게 말하면서 미지는 씁쓸한 표정을 지었어요.

사실 미지는 그리움이 뭔지 알지 못했어요. 항상 엄마 아빠와 함께 살았으니까요. 성한이와 떨어져 지내 본 적도 없었어요. 더블린으로 온 후에야 그리움이 얼마나 마음 아픈 일인지 알게 된 거죠.

가까운 사람들과 헤어져 지내는 건 정말 힘든 일이에요. 대신 다른 일들을 경험하게 되었지만요. 그런데 이젠 집으로 돌아가더라도 또 다른 그리움이 생길 것 같아요. 버클리와 윌리엄, 그리고 오늘 처음 만나 친구가 된 아이들도요. 더블린의 건물과 길도 그리울 거예요. 그리고 자주 비가 내리는 우울한 날씨도요.

버클리의 집 앞에 도착하자 윌리엄은 미지에게 인사를 건네고 돌아섰어요.

"어, 안 들어가?"

"난 우리 집에 가야지."

"아, 맞다."

"내일 아침에 또 올게."

"응."

둘은 그렇게 인사를 나누고 헤어졌어요.

"다녀왔습니다."

미지는 현관문을 열면서 큰 소리로 말했어요. 서재 안에 있는 버클리의 귀에까지 들리게요. 그런데 아무 기척도 없었어요. 그래서 다시 한 번 큰 소리로 말했어요. 마찬가지로 적막했어요.

'어, 어디 가셨나?'

미지는 이상한 생각이 들었어요. 그래서 서재 쪽으로 가서 노크를 했어요.

"아저씨. 아저씨."

방 안에서 소곤거리는 소리가 들렸어요. 버클리 말고 또 누가 있는 걸까요? 아니, 누가 같이 있다고 하더라도 왜 대답하지 않는 걸까요?

미지는 문 손잡이를 천천히 돌렸어요. 벽을 둘러싼 책장에 책이 빼곡히 차 있었어요. 그리고 중앙에 커다란 책상이 있었죠. 책상 앞에는 버클리가 앉아 있었어요.

"왔니?"

"네. 그런데 왜 대답을 안 하셨어요?"

미지는 버클리 쪽으로 걸어갔어요.

"선물이 있단다."

버클리가 말했어요.

"네?"

"돌아보렴."

미지는 버클리가 시키는 대로 뒤로 돌아보았어요. 그러나 자신이 들어오면서 활짝 열어 놓은 문 바깥의 거실만 보였어요.

"이제 그만 나와 보렴."

버클리가 말했어요. 그러자 문이 스르르 닫혔어요. 아니, 누군

가 뒤에서 문을 밀고 있었어요.

"아."

미지는 진짜 인형이 된 듯 움직일 수가 없었어요. 몹시 놀라 말
도 안 나오는 거예요.

닫힌 문 앞에 성한이가 서 있었어요.

"미지야."

성한이가 미지 쪽으로 걸어왔지만 미지는 버클리만 쳐다볼 수
밖에 없었어요.

"꿈이죠?"

"현실이란다."

버클리가 말했어요. 그제야 미지는 다시 성한이 쪽으로 고개를
돌렸어요.

"얼마나 찾았는지 몰라."

성한이가 말했어요.

"어떻게, 어떻게 된 거야?"

미지는 성한이의 손을 꼭 붙잡고 물었어요.

"저 아이도 알 수가 없다고 하더구나. 네가 어떻게 여기에 오게
된 건지 모르는 것처럼."

버클리가 대신 말했어요.

"윌리엄과 네가 나간 뒤 나는 서재에서 글을 쓰고 있었단다. 그런데 거실에서 이상한 소리가 들리더구나. 그래서 내가 보니 너와 마찬가지로 저 소년이 소파에 누워 있는 것을 발견했단다."

"그랬구나."

"네가 여기에 있다는 이야기를 듣고 정말 깜짝 놀랐어."

성한이가 말했어요.

"너, 내 방에 있는 책을 본 거야?"

미지는 순간 책에서 바람이 일기 시작한 기억이 떠올랐어요. 그래서 혹시나 하는 마음에 물어보았죠.

"책? 아, 《아이들이 읽는 철학 이야기 ― 버클리》라는 책이었지? 아마."

"응. 그 책!"

"네 방 침대에 있기에 그걸 들고 보았어. 그랬는데 바람이 불었던 것 같다. 그리고……."

"정신을 차리고 보니 여기였지?"

"그래."

"나랑 똑같네."

미지는 한숨을 내쉬었어요. 성한이가 와서 좋긴 하지만 성한이까지 과거로 온 것이 꼭 자기 탓인 것만 같았어요.

"내일 윌리엄이 오면 깜짝 놀라겠구나."

"그러게요. 윌리엄 친구들도 신기해 할 거예요."

"야, 너 벌써 친구 사귀었어?"

"응."

"칫! 네 가족과 우리 가족이 얼마나 찾아다녔는데, 넌 여기서 잘 지내고 있었단 말이지?"

"그럼 못 지내야 하는 거야?"

"그런 말이 아니라……."

성한이가 우물거렸어요.

사실 미지는 성한이가 섭섭해 하는 마음을 알았어요. 입장이 바뀌었다면 미지도 그랬을 거니까요. 하지만 혼자 다른 세상에 와서 얼마나 힘들었는지 성한이가 몰라주는 것 같아서 속상하기도 했어요.

"만나자마자 싸우면 어떡하니? 거실로 나가자. 내가 맛있는 차를 만들어 줄게."

버클리가 아이들에게 말했어요.

"미안하다."

미지가 사과했어요. 어쨌든 지금 제일 힘든 건 성한이라는 생각이 들었거든요. 그리고 여기까지 와서 싸우는 것도 우스웠고요.

"나도. 그리고 정말 다행이다. 네가 사라져 버린 줄 알았어."

성한이가 말했어요.

"사라진 게 맞긴 맞잖아. 이젠 너랑 나 둘 다 사라져 버렸으니 부모님들이 더 걱정하시겠지."

"그러게."

둘은 동시에 한숨을 푹 쉬었어요.

"그래도 말이야. 네가 와서 좋긴 하네."

미지는 말했어요. 이젠 더 이상 혼자가 아니라는 생각이 들었거든요.

4 책이 들려주는 이야기 셋

미지야, 내가 보내 준 선물은 마음에 들어?

네가 없는 동안 성한이는 잠도 잘 못 자고, 식사도 잘 못 했단다. 너희는 아주 아기였을 때부터 친구로 지냈으니 당연한 일이겠지. 사실 나도 처음부터 혼자는 아니었어. 《아이들이 읽는 철학 이야기》는 20년 전에 열 권 시리즈로 나온 책이야.

그런데, 그거 아니? 책들은 굳이 자신의 이야기를 들려 주려고 하지 않아. 사람들이 읽고 싶어 하는 건 책 안에 들어 있는 내용이라는 것을 알기 때문이야. 그런데 어찌 된 일인지, 난 말을 하고 싶었어. 그래서 말하기 시작했지. 내가 어떤 말을 했는지 궁금하지 않니?

사실 별말은 아니야. 그냥 다른 책들은 무슨 생각을 하고 있는지, 어떻게 서점까지 오게 되었는지, 누가 쓴 이야기를 담고 있는지 등 그런 잡다한 질문을 많이 했지.

하지만 대답을 들은 적은 없어. 그래서 대화를 했다고 할 수는 없겠다. 그냥 끊임없이 혼잣말을 한 거야.

그러다 보니 나는 미운 책이 되어 버렸던 것 같아. 그걸 어떻게 알았냐고?

내가 처음 꽂혀 있었던 서점은 '신화문고'라는 곳이었어. 꽤 크고 유명한 서점이라 들어오고 나가는 책들이 많았어. 그러는 가운데 나를 사기는커녕 책장에서 한 번 빼 주는 사람도 없었어. 심지어 다른 시리즈 책이 모두 팔리는 동안 나만 홀로 남게 되었다니까.

처음에는 나도 기대했단다. '이제 곧 내가 선택될 거야. 마지막 남은 한 권이니까.' 그런 생각을 하면서 말이야. 하지만 1년이 지나고 2년이 지나도 나는 책장에서 나올 수가 없었어.

그렇게 10년인가 지났을 때, '신화문고'는 문을 닫게 되었어.

'난 이제 어떻게 되지?'

누군가가 선택을 해 주지 않으면 꼼짝없이 폐지로 처분될 것 같았어. 얼마나 겁이 났는지 몰라. 그때 너희 동네에서 서점을 운영하는 할아버지를 만난 거야.

난 지금도 그 순간을 기억해. 서점 안으로 들어선 할아버지는 곧장 내가 있는 '철학 책' 코너로 걸어왔어. 그리고 책장 위에서 아래로 살펴보다가 나를 발견한 거지. 할아버지는 아무 망설임도 없이 나를 꺼내 주었어.

다른 사람들처럼 할아버지도 내가 말을 하고 싶어 한다는 걸 알았던 것은 아니야. 그냥 내가 할아버지의 마음에 들었던 거겠지. 난 할아버지를 따라 들어간 서점에서 또 10년을 보냈어.

그런데 '신화문고'에 있을 때와는 달리 그곳은 편안했어. 아무도 선택해 주지 않아도 상관없었어. 할아버지의 서점은 작은데다 손님도 많지 않아 어떤 사람 집의 서재에 있는 듯한 느낌이 들었거든.

나는 다짐했어.

'만약 누군가가 나를 선택한다면 여행을 시켜 줘야지.'

버클리가 살았던 시대로 보내서 책으로 읽는 것보다 훨씬 더 많은 것을 알게 해 주겠다고 말이야.

미지야. 알겠니? 너는 어느 날 문득 나를 선택한 거였지만, 나는 오랫동안 너를 기다리고 있었던 거야. 너는 어느 날 문득 17세기의 더블린으로 간 거라 여기겠지만, 나는 오래전부터 너를 보내려고 준비를 하고 있었던 거야.

나는 수다쟁이 책이야. 하지만 신의 존재를 인정하는 버클리의 철학이 들어 있는 책이기도 하지. 그래서 신은 나와 너를 도와주신 것 같아. 나는 오랜 기다림을 이겨냈고, 너는 신의 존재를 증명하고 싶어 했으니까.

미지야. 이렇게 많은 말을 할 수 있어서 난 정말 좋아. 또 네가 내 말을 들어줘서 얼마나 고마운지 모르겠다. 네가 있어 내가 행복한 것처럼 너도 더블린에 있는 동안 행복하게 지내렴. 성한이를 보낸 것도 그 때문이니까.

그러니까 이런저런 걱정은 전부 던져 버리고 즐거운 시간을 보내야 해. 알겠지? 내 친구.

물질적 실체를 부정하다

존재하는 것은 지각되는 것이다

이 말에는 물질적 실체를 부정하는 버클리의 생각이 잘 나타나 있습니다. 이 명제는 어떤 사물이 지각되지 않는다면 그것은 존재하는 것이 아니라는 사실을 의미하지요. 우리는 보통 감각으로 지각되는 사물이 확실히 있다고 생각합니다. 버클리 역시 이를 부정하지는 않습니다. 단지 그와 같이 지각된 사물을 관념이라고 주장하는 것이지요.

사물이 존재하기 위해서는 그것이 지각되어야 하며, 지각을 통해 관념이 생기지 않고서는 존재한다고 말할 수 없습니다. 우리가 포도를 생각할 때 머릿속에 떠오르는 것은 실제 먹고 만질 수 있는 포도가 아니라 달콤하고 새콤한 보라색 열매라는 관념입니다. 그 관념 없이는 포도의 존재가 우리에게 알려질 수 없다는 것이지요.

여기서 우린 로크의 생각에 반대하는 버클리의 입장을 좀 더 명확히 알 수 있습니다. 로크는 우리의 관념 밖에 독립적으로 존재하는 사물이 실제로 있다고 주장했지만, 버클리는 관념을 떠나서는 사물이 존재하지 않는다고 말하는 것이지요.

이러한 버클리의 입장은 우리의 정신세계만을 고집하는 것이 아닙니다. 당시 대부분의 과학 사상가들이 인정하던 물질적 실체를 부정하는 것이랍니다. 버클리는 '물질적 실체(물질)'라는 말이 무의미하다고 주장합니다. 사물의 존재는 단지 그것이 지각될 때에만 성립하기 때문이지요.

추상적 관념은 실재하는 것이 아니다

버클리 시대의 과학(자연철학)에서는 물질 개념이 매우 중요했습니다. 버클리는 과학 사상가들이 힘이나 운동과 같은 추상적인 개념들을 사물 안에 있는 근본적인 물질적 실체인 것처럼 잘못 사용한다고 여겼습니다. 그에게 있어서 이 실체는 추상적 관념일 뿐 실제로는 어느 곳에서도 존재하지 않았어요. 왜냐하면 우리의 정신에 의해 지각되는 대상이 아니기 때문이죠. 버클리는 물질적 실체와 같은 '사물의 본질'이란

건 없다고 생각했습니다. 있는 것은 오직 사물에 대한 경험일 뿐이지요. 실제로 우리는 감각을 통한 힘, 운동, 실체 등과 같은 어떤 추상적 관념도 마음에 지닐 수 없어요. 그 까닭은 이 개념들이 감각적 성질이나 특성을 전혀 갖고 있지 않기 때문이에요.

물질이 있다고 가정한다면 그건 아무런 규정이 없는 추상적 관념일 뿐이에요. 이는 외부 세계를 지각함으로써 우리의 의식에 나타나는 형상이 아니랍니다.

"어떤 관념을 살피든지 나는 그것을 순수하게 있는 그대로 살피고자 노력할 것이다."

이처럼 우리는 그가 추상 관념을 비판하면서 경험주의를 더욱 철저하게 주장했음을 알 수 있어요. 물질적 실체를 부정함으로써 유물론과 무신론을 비판한 버클리는 오직 경험만을 통해 물질이나 신에 대한 이론을 성립시키려 노력했답니다.

4

존재하는 것은
오직 관념과 정신뿐

 대상의 존재는 지각되는 것이며, 주체의 존재는 지각하는 것이다.

— 버클리

1 그래도 노력은 해야지

아침부터 내리기 시작한 비가 멈추지 않고 있어요. 시내 구경을 할 생각에 들떠 있었던 성한이는 멍하니 창밖만 바라보고 있었답니다. 미지가 거실로 나온 것도 모르고요.

미지는 소파 위에 양반 다리를 하고 앉았어요. 바닥에 깔려 있는 양탄자가 눅눅해서 발이 닿는 게 싫었거든요. 투덕투덕. 미지는 빗소리를 들으며 노래를 흥얼거렸어요.

"개울가에 올챙이 한 마리~ 꼬물꼬물 헤엄치다~ 앞다리가 쑥

욱~ 뒷다리가 쑤욱~."

혼자 율동까지 하며 놀고 있는데도 성한이는 돌아보지 않았어요. 그래서 미지는 성한이 쪽으로 다가가 계속 '앞다리가 쑤욱 뒷다리가 쑤욱' 하며 큰 소리로 노래를 불렀어요. 성한이는 그제야 뒤돌아봤어요.

미지가 물었어요.

"뭐해?"

"궁리하고 있었다."

"무슨 궁리?"

"집으로 돌아갈 수 있는 방법."

"궁리한다고 되겠냐? 언젠가 가겠지."

"넌 부모님 걱정도 안 되냐?"

"누가 그렇대?"

"언젠가 갈 수 있다고 해도 지금은 노력을 해야 할 것 아니야."

"하지만 노력으로 할 수 있는 일이 아니잖아."

"그걸 어떻게 알아? 해 보지도 않고."

둘은 창밖만 바라보며 서먹하게 서 있었어요. 미지는 속상했어요. 마음과 달리 성한이에게 자꾸만 화를 냈거든요.

성한이가 소파 쪽으로 걸어갔어요.

"여기지? 너도."

성한이가 먼저 대화를 시작한 것이 반가워 미지는 재빨리 돌아봤어요.

"뭐가?"

"처음 있었던 곳."

"응."

"혹시 이 소파에 뭔가 비밀이 있는 거 아닐까?"

미지도 소파를 둘러보았지만 별다른 점은 눈에 띄지 않았어요.

"뜯어볼까?"

성한이가 말했어요.

"안돼. 우리 것도 아니잖아."

"허락받으면 되지."

"그래도 그건 실례야."

미지가 말을 끝내자마자 현관문이 열렸어요. 그리고 윌리엄이 모습을 드러냈어요. 비를 맞았는지 온몸이 젖어 있었어요.

"윌리엄!"

미지는 반갑게·달려갔어요. 그리고 자연스럽게 수건으로 물기를 닦아 주었어요.

"어?"

윌리엄은 신발을 벗어 물기를 털다가 성한이를 발견했어요.

"누구냐, 쟤는?"

성한이가 경계심을 가지고 물었어요.

"윌리엄이야. 여기서 사귄 친구야. 우리랑 나이가 같아."

"또 왔구나. 미래에서."

윌리엄은 환하게 웃으며 성한이에게 다가갔어요. 그러나 성한이는 뭐가 못마땅한지 잔뜩 인상을 찌푸렸어요.

"내 친구 성한이야. 어제 우리가 외출했을 때 왔대. 아직 여기가 익숙하지 않아서 그러니까 이해해."

"아, 그래? 정말 반갑다."

윌리엄이 다시 인사를 청했어요. 성한이는 뚱한 목소리로 '나도 반가워' 라고 했어요. 미지는 속으로 중얼거렸어요.

'칫! 질투하기는.'

셋은 소파에 나란히 앉았어요. 서로 눈치만 살피면서요.

미지는 윌리엄과 성한이 둘 중 누구에게 말을 걸어야 하나 고민했죠. 그런데 윌리엄이 먼저 말을 꺼냈어요.

"뭐하고 있었어?"

"아. 소파를 들춰 보려던 참이었어."

"왜?"

"우리 둘 다 소파에 떨어졌잖아. 그래서 혹시나 여기에 비밀이 있나 싶어서."

"무슨 비밀?"

"그러니까 우리가 여기에 오게 된 이유."

미지와 윌리엄의 대화를 듣고만 있던 성한이가 갑자기 손뼉을 쳤어요.

"왜 그래?"

"이유라고 하는 것보다 비밀이라고 하는 것이 좋지 않아? 그래, 우린 미래에서 과거로 오게 된 비밀을 찾아야 해. 시간의 비밀."

성한이가 말했어요.

"시간의 비밀?"

미지와 윌리엄은 앵무새처럼 성한이의 말을 따라했어요.

"그래, 시간의 비밀. 이제 우린 과거에서 현재로 갈 수 있는 비밀을 찾는 거지. 어때? 멋지지 않아?"

성한이는 소파 위에서 방방 뛰기까지 했어요. 미지는 어이가 없어서 성한이의 바지를 잡고 끌어내렸어요.

"왜 그래?"

"어휴, 야! 우리가 지금 노는 거야?"

"뭐 어때? 이왕이면 재미있게 찾으면 좋지."

"엄마 아빠가 걱정하는 건 생각도 안 하냐며 소리친 사람이 누
군데?"

"그건 그거고."

성한이는 천연덕스럽게 말했어요.

"동감."

소파 끄트머리에서 다리를 꼬고 앉아 있던 윌리엄이 말했어요.

"너까지?"

미지는 윌리엄과 성한이를 번갈아 봤어요. 둘은 뭐가 좋은지 싱
글벙글 웃으며 손바닥까지 부딪치는 거예요.

"시간의 비밀을 푸는 자, 세상의 비밀도 풀지어다."

성한이가 한쪽 팔을 높이 들고 마법사처럼 말했어요. 그러자 윌
리엄도 성한이가 한 말을 똑같이 따라하며 한쪽 팔을 들었어요.
그런 다음 둘은 미지를 쳐다봤죠.

"시간의 비밀을 푸는 자, 세상의 비밀도 풀지어다."

미지는 두 팔을 높이 쳐들었어요. 그리고 성한이나 윌리엄보다
더 우렁차게 외쳤죠.

2 서재를 뒤져라

"우린 너무 어려."

거실 구석구석을 뒤지느라 힘이 다 빠진 미지는 바닥에 주저앉았어요.

"무슨 말이야?"

양탄자를 들어 아래를 살피며 성한이가 물었어요.

"아는 게 없으니까 뭘 찾으려고 해도 찾을 수 없잖아."

성한이는 계속 용기를 주고 싶었어요. 그러나 사실 미지와 같은 생각을 하고 있었죠. 그래서 성한이도 그 자리에 주저앉았어요.

"애들아."

윌리엄은 거실 벽에 걸린 액자를 살피다 말고 미지와 성한이를 불렀어요.

"뭐 찾았어?"

미지와 성한이는 몸을 일으키며 동시에 물었어요.

"아니, 이럴 게 아니라 선생님 서재에 들어가 보지 않을래?"

"서재에?"

"응. 책에서 찾을 수도 있잖아."

"하지만 아저씨가 허락해 주실까?"

미지가 걱정스럽게 물었어요.

"당연하지. 선생님은 아이들이 공부하는 걸 좋아하시거든."

"하지만 우리는 공부를 하려고 하는 게 아니잖아."

"그게 그거지, 뭐."

아이들은 누가 먼저라고 할 것도 없이 일어났어요. 그리고 서재 앞으로 우르르 몰려갔어요.

"선생님."

윌리엄이 불렀어요. 그러자 안에서 버클리가 나왔어요. 밤새도록 글을 썼는지 꽤 피곤해 보이는 모습이었어요.

"다들 무슨 일이냐?"

"책에서 찾을 게 있는데 서재를 좀 써도 괜찮을까요?"

미지가 물었어요.

"그러렴. 안 그래도 나는 한잠 푹 잘 생각이었단다. 어젯밤 한숨도 못 잤거든."

"어쩐지…… 굉장히 피곤해 보여요."

"그런데 뭘 찾겠다는 거냐?"

버클리가 물었지만 아이들은 눈치만 보고 아무 말도 하지 않았어요.

"비밀이야?"

버클리가 다시 물었어요.

"아뇨. 비밀은 아닌데 바보 같은 생각이라고 여기실까 봐요."

"하하. 그런 생각을 할 까닭이 있겠니? 뭔지 말해 주면 도와줄 수도 있을 것 같은데."

"우리 세계로 돌아갈 수 있는 방법을 찾으려고요."

이번엔 성한이가 말했어요. 그 말을 들은 버클리는 조금 놀란 듯 머리를 긁적거리며 헛기침을 했어요.

"바보 같죠?"

미지가 다시 물었어요.

"뭐든 노력하는 자세가 중요하지. 그리고 어차피 하루 종일 비가 내릴 것 같으니 서재에서 보내는 것도 좋을 거야."

버클리는 자상하게 말했어요.

"우리 신경 쓰지 말고 주무세요."

"그래야겠다. 일어나서 나도 도울 게 있으면 도와주마."

버클리는 자신의 침실로 들어갔어요.

아이들은 서재로 들어가 문을 살짝 닫았어요. 그리고 저마다 책장 앞으로 가 눈에 띄는 책을 펼쳐 보았죠.

미지는 예닐곱 권의 책을 한꺼번에 뺐어요. 그리고 양탄자 위에 앉아 한 권씩 보기 시작했어요. 성한이는 책장에 빼곡히 차 있는 책들의 제목을 보고 있었고, 윌리엄은 책상 위에 있는 지도를 펼쳐서 보고 있었어요.

아이들이 저마다 자리를 잡고 책을 읽거나 지도를 살펴보는 동안 서재는 조금씩 어두워지고 있었어요.

"얘들아. 이것 봐."

미지가 책 한 권을 들고 다른 아이들 쪽을 향해 소리쳤어요.

"뭐? 발견했어?"

《하일라스와 필로누스의 대화》

미지는 들뜬 목소리로 말했어요. 그러나 다른 아이들은 미지가 뭘 말하려는지 알 수가 없어 두 눈만 끔뻑거렸죠.

"그게 뭔데?"

성한이가 물었어요.

"선생님 책이야. 선생님 서재니까 선생님 책이 있는 건 당연하지. 그게 어떻다는 거야?"

윌리엄이 말했어요.

"이건 그냥 책이 아니야. 1713년에 출간되기 전에 아저씨가 직접 손으로 쓴 원고를 묶어 둔 거야."

아이들은 그제야 호기심이 생겼어요. 그래서 미지 쪽으로 갔죠.

"이것 좀 봐. 하일라스와 필로누스의 대화를 통해 아저씨는 자신의 철학을 말하고 있어."

"어휴. 너는 시간의 비밀을 찾을 생각은 안 하고 다른 것만 찾았구나."

"하지만 우리가 사는 세상에선 절대 볼 수 없는 거잖아. 이왕 이렇게 된 거 같이 읽어 보지 않을래? 연극하는 것처럼."

"연극?"

"응. 넌 하일라스 역을 맡아. 난 필로누스 역을 맡을게."

미지가 역할까지 정해 주자 성한이는 싫지 않은 기색이었어요.

"그럼 나는?"

윌리엄이 물었어요.

"넌 해설을 맡아."

"해설? 너희들은 배우를 하면서?"

"우린 이 세상으로 온 손님이잖아. 그러니까 네가 양보해."

미지가 말했어요. 윌리엄은 어이가 없다는 듯 쳐다봤어요. 그러나 곧 미지의 말대로 하기로 했죠.

아이들은 책상 앞쪽의 공간을 무대로 정했어요.

윌리엄(해설) : 하일라스는 우리가 교육 받은 과학적 상식의 입장이고, 필로누스는 버클리 자신의 입장이다. 하일라스와 필로누스가 무대로 들어선다.

하일라스(성한) : 잘 지냈는가?

필로누스(미지) : 요즘 어린 손님들과 지내느라 정신이 없다네.

자네는?

하일라스(성한) : 새로운 학문을 공부하느라 정신이 없지.

필로누스(미지) : 과학을 말하는가?

하일라스(성한) : 그렇다네. 그런데 며칠 전에 이상한 말을 들었다네. 자네가 물질적 실체라는 것을 믿지 않는다고 하더군. '물질'을 믿지 않는다니? 난 이보다 더 공상적이며 상식에 어그러진 이야기를 들어 본 적이 없네. 도대체 자네는 어떻게 그런 생각을 할 수 있는가?

필로누스(미지) : 나는 감각적으로 받아들여지는 사물이 있다는 걸 부인하는 것이 아니네. 다시 말해 우리는 색의 원인을 보는 것이 아니며, 소리의 원인을 듣는 것이 아니라는 뜻이네.

하일라스(성한) : 그게 무슨 소린가?

필로누스(미지) : 우리는 빛은 시각으로, 소리는 청각으로, 냄새는 후각으로, 맛은 미각으로, 감촉은 촉각으로 지각할 뿐이네. 감각적 속성을 제외하면 사실 아무것도 남지 않지. 물질이란 것은 감각적 속성이나 감각적 속성의 결합일 뿐, 다른 게 아니라는 거야. 즉, 지각되는 것이 존재하는 것이

라 말할 수 있지.

하일라스(성한) : 아니, 존재한다는 것과 지각된다는 것은 별개의 사실이지 않나?

필로누스(미지) : 그렇지 않네. 사물은 우리의 감각을 통해 받아들여져서 지각되는 것이네. 예를 들어 펄펄 끓는 물에 손을 담가 보게. 뜨거워서 고통을 느끼겠지. 고통은 마음속에 있는 정신적인 것 아닌가? 우리가 뜨거움을 느낀다는 것, 바로 그 사물의 관념이 존재한다는 의미이네.

하일라스(성한) : 흠. 그러니까 뜨거움이나 차가움이 단지 우리들의 마음속에 존재하는 관념이라는 거군.

"나는 또 언제 말해?"

월리엄이 불쑥 끼어들어 말했어요.

"허어. 조용히 하시게. 지금 우리는 굉장히 중요한 문제를 논의하고 있지 않나?"

성한이가 하일라스처럼 말했어요.

"좋아. 윌리엄. 필로누스를 맡아. 내가 해설할게."

미지가 양보했어요. 그래서 무대에는 성한이와 윌리엄이 서게 되었어요.

하일라스(성한) : 소리는 공기 속에 있는 운동이네. 진공 속에
서는 소리가 나지 않지. 우리는 지각되는 소리와 소리 그
자체를 구별할 필요가 있네. 즉, 우리의 감각으로 들어오는
소리와, 우리가 알 수 있든 없든 변치 않고 존재하는 소리
자체를 구별해야 한다는 거지.

필로누스(윌리엄) : 자네가 말하는 소리 자체라는 것은 하나의
운동이겠지? 하지만 우리가 들을 수 없다면 그것은 우리가
감각하여 알 수 있는 것과 같은 소리가 아니네. 즉 우리가
'소리'라고 말하는 것과 다른 것이라는 거지.

하일라스(성한) : 소리 또한 마음 없이는 실재하는 존재일 수
없다는 말이군. 그럼 색은 어떤가? 우리가 색의 대상을 보
는 것보다 더 확실한 일이 어디 있겠는가?

필로누스(윌리엄) : 석양의 구름을 보게. 그것은 붉고 금빛이
나, 그것에 가까이 가서 보면 전혀 그런 색을 가지고 있지
않지. 또 현미경으로 볼 때는 같은 물건도 달리 보인다네.
황달에 걸린 사람은 모든 것이 노랗게 보이기도 하지. 그러
니까 실재하는 색은 우리가 보는 빨강이나 파랑과는 다른

것이라고 하지만, 소리의 경우와 마찬가지로 이것 또한 소용없는 것이네. 모두 마음속의 관념인 것이지.

하일라스(성한) : 알겠네. 그러니까 자네는 직접 지각되는 것을 '관념'이라고 말하는 거군.

여기까지 둘은 잘 해 나가고 있었어요. 그런데 윌리엄은 조금 전만 해도 연극을 보고 있었던 미지가 방에 없다는 사실을 알게 되었어요. 그러니까 자기 차례가 되었는데도 대사를 읽지 않았죠.

"어, 미지 어디 갔어?"

성한이는 뒤늦게 미지가 없다는 사실을 깨닫고 물었어요.

"몰라."

보는 사람이 없으니 연극을 하는 재미가 없어졌어요.

"쳇. 네가 먼저 하자고 해 놓고."

성한이가 투덜거렸어요.

"뭐가 우스워?"

윌리엄이 히죽 웃는 모습을 본 성한이가 물었어요.

"너희 진짜 친한 친구인 것처럼 보여서."

"친구 아니야."

성한이는 정색을 하고 말했어요.

"뭐?"

"약혼한 사이야."

성한이는 그렇게 말한 후 뒷문 쪽으로 걸어갔어요. 깜짝 놀란
윌리엄을 뒤로한 채요.

3 환영

거실로 나간 아이들은 미지가 버클리와 대화를 나누고 있는 모습을 보았어요.

"선생님, 주무시는 줄 알았어요."

윌리엄이 말하며 그들 옆에 앉았어요.

"너도 여기 와서 앉으렴."

버클리는 멀찍이 떨어져 서 있는 성한이에게 말했어요.

"넌 애가 왜 그러냐? 연극하자고 할 때는 언제고."

성한이는 괜히 기분이 상해서 투덜거렸어요.

"어떤 소리가 들렸다는구나."

버클리가 대신 대답했어요.

"무슨 말이야?"

"응. 거실에서 엄마 아빠 목소리가 들린 것 같아서 문을 열었어. 아주 짧은 순간이었지만 울고 있는 엄마와 그 옆에서 위로하고 있는 아빠 모습이 보이는 거야. 그런데 곧 사라졌어. 그래서 아저씨한테 가서 말했더니, 아저씨는 내 마음속에 있는 모습이 형상을 만들어냈다고 하시는 거야."

"에이. 말도 안 돼."

성한이가 말했어요.

"그렇지만 진짜야. 소리도 들었고 모습도 봤단 말이야."

미지가 항의했어요.

"하지만 그게 말이 되냐?"

"그럼 우리가 여기에 온 건 말이 돼?"

미지가 그렇게 말하자 성한이는 할 말이 없었어요. 생각해 보니 미지의 말이 맞잖아요. 과거의 더블린까지 왔으니 다른 어떤 일도 못 믿을 건 없었죠.

"얘들아. 내가 하는 말을 들어 봐."

이제까지 아이들의 대화만 듣고 있던 버클리가 입을 열었어요.

"내가 있다는 것은 분명하지?"

"예."

"어느 누구도 자신의 존재를 부인하지는 못할 거야."

"맞아요."

윌리엄은 버클리의 말에 맞장구를 쳤어요.

"하지만 '나 자신'은 내가 받아들이는 수많은 관념들과는 다른 거란다. 나의 경험 과정에서 마주치게 되는 관념들 중 하나가 아니라는 것이지. 오히려 '나'라는 건 경험해서 얻은 관념들을 가지고 있는 존재지."

"어려운 말이긴 한데, 조금 이해가 되긴 해요."

성한이가 말했어요.

"영혼이나 정신은 지각하거나 경험하는 주체, 즉 자신이야. 이 점은 데카르트와 같은 생각이지. 하지만 지각되는 것도 없는데 지각한다고 주장하거나, 단지 관념들을 묶어 놓은 게 지각하는 자라고 말하는 것도 터무니없는 일이야.

영혼이나 정신은 관념도, 관념과 비슷한 것도 아닌 하나의 실재란다. 지각하고, 추리하고, 의욕을 느끼는 존재를 의미하지. 그렇기 때문에 존재하는 것은 지각되는 것과 지각하는 것, 둘로 구분할 수 있단다."

"대충은 알겠어요. 그러니까, 여기 소파가 존재하는 것은 우리에 의해 소파가 지각되기 때문이라는 거죠? 그리고 우리가 존재하는 것은 우리가 이 소파를 지각하기 때문이라는 거죠? 그런데 갑자기 그 이야기를 왜 하는 거예요?"

성한이가 말했어요.

미지는 정말 깜짝 놀랐어요. 사실 버클리의 말을 전혀 알아듣지 못하고 있었거든요. 그런데 성한이는 어째서 이렇게 빠르게 그 뜻을 알아듣는 걸까요? 그런 생각이 들자 우울해졌어요. 다른 아이들이 뭔가를 나보다 잘하면 상관없는데, 성한이가 그러면 기분이 나빠져요. 성한이가 자꾸 멀게만 느껴지거든요.

"사물이 있는 건 그 사물을 지각하는 자가 있기 때문이야. 그런데 만약 사물이 없는데도 있는 것처럼 보인다면 그것도 지각하는 자가 있기 때문이겠지."

"그러니까 아저씨는 제가 부모님에 대한 경험을 가지고 있기 때문에 환각을 본 것이라고 생각하는군요?"

성한이가 말하기 전에 미지가 얼른 말했어요.

"나는 감각 경험이 중요하다고 생각한단다. 모든 지식은 감각 경험을 통해 얻어지니까. 하지만 그렇게만 생각한다면 경험할 수 없는 영혼에 대한 지식을 가질 수가 없게 되겠지."

"그러네요. 영혼은 경험할 수 없는 거니까요."

이번엔 윌리엄이 끼어들었어요.

"그래서 영혼이나 정신은 관념도, 관념과 비슷한 것도 아닌 하나의 실재적인 것이라고 말하는 거지. 지각하고 의욕을 느끼고 그것들에 관해 추리하는 존재이기도 하다는 거야. 그런 존재인 영혼이 예전의 경험을 되살려 무언가를 보았다고 해도 못 믿을 건 없다는 거지."

아이들은 고개를 끄덕였어요. 이해가 잘 안 된 아이도 있지만 다들 이해한 척하고 싶었어요. 그것을 눈치챈 버클리는 입가에 미소를 띠었어요.

"어려운 이야기를 했더니 배가 고프네. 너희들은 괜찮니?"

버클리가 물었어요.

"사실 저도 아까부터 배가 고팠어요."

윌리엄이 말했어요.

"그럼 간단하게 샌드위치를 만들어 먹자. 비가 좀 멈추면 시내에 나가 저녁을 먹는 건 어떨까?"

"진짜요?"

성한이가 눈동자를 빛내며 되물었어요. 시내에 나갈 생각을 하는 것만으로도 성한이는 벌써 들떴답니다.

"성한이도 여기까지 왔으니 구경할 건 하고 가야지."

버클리는 성한이의 머리를 쓰다듬었어요. 갑자기 아이들을 셋이나 둔 아버지가 된 느낌이었거든요.

"떠들썩해도 좋구나. 너희들이 있어서."

4 책이 들려주는 이야기 넷

미지야. 오늘 힘들었지? 네가 집으로 돌아가고 싶어 하는 걸 보고 나도 마음이 많이 아팠단다. 그래서 빠른 시일 내에 너와 성한이를 집으로 보내 줄 생각이야. 그러니 너무 걱정하지 마.

오늘은 '존재하는 것은 오직 관념과 정신뿐이다'라고 주장한 버클리의 이야기를 들려 주고 싶어.

우리는 우선 '관념'이란 낱말에 대한 버클리의 생각을 살펴볼 필요가 있어. 관념은 우리가 직접적이고 즉각적으로 지각하는 것들을 말해. 모든 관념은 지각 경험에서 비롯된 것이기 때문에 선천적인 관념이란 건 없지. 지식도 모두 관념에 속해 있거나, 관념에서 유래한 것들이란다.

버클리의 주장을 한번 들어 볼래?

'내가 지금 글을 쓰고 있는 이 책상이 존재한다고 말한다면, 그것은 내가 그 책상을 보고 느낀다는 것을 뜻한다. 내가 공부방에 있지 않아도 다른 누군가가 현재 이 책상을 지각하고 있다면, 난 책상이 있다고 말할 수 있다. 사물의 존재는 지각된다는 데 있다. 사물은 지각하고 사유하는 자를 벗어나서는 존재할 수 없다'

버클리의 철학에서 이 주장은 굉장히 중요한 의미를 가지고 있어. 우리는 보통 책이나 탁자 같은 사물이 있다고 말하지만, 버클리는 그것들을 보고 느끼지 못한다면 있다고 말할 수도 없다고 해. 지각과 상관없이 존재하는 것이 물질이란 주장을 받아들일 수 없다는 거지.

그래서 버클리는 책이나 사물이 관념이라고 주장한단다. 특별히 '관념'이라는 낱말을 사용하는 것은 감각적 대상이 정신 속에서만 존재하며 비사유적, 비활동적이라는 것을 나타내려고 했기 때문이야.

그는 또 이렇게 말해.

'내가 쓰는 탁자가 있다고 말하는 것은 그것을 보고 느낀다는 것이다. 그리고 만약 내가 공부방에서 나간다 하더라도 나는 그것이 존재한다고 말해야 한다. 그건 내가 방 안에 있다면 탁자를 지각할 수 있다는 의미이기도 하고, 또 다른 정신이 실제로 탁자를 지각하고 있다는 의미이기도 하다'

따라서 버클리에게 있어서 '탁자가 존재한다' 라는 말은 '탁자는 지각되거나 지각이 가능하다' 라는 뜻이야. 물질이 있는 것이 아니라 오직 관념과 정신이 있다는 것이지. 또한 정신은 관념과 구분된다고 해. 관념은 수동적으로 지각되는 것이고, 정신은 능동적으로 지각하는 우리 자신이지. 관념을 발생시키는 원인은 뭘까? 바로 우리 정신이야. 네가 왜 부모님의 환영을 봤는지 이제 알겠지?

흐음, 미지야. 갑자기 이런 생각이 들어. 난 네게 뭔가를 해 주고 싶어서 더블린으로 데려온 건데, 오히려 네게 뭔가를 받고 있는 것 같아. 지난 수년간 침묵만 지키고 있었던 게 많이 답답했나봐. 너한테 말을 하면 할수록 속이 다 풀리는 것 같아.

그러니까 미지야, 너도 여기 있는 동안은 즐겁게 보내야 해.

오직 관념과 정신만이 존재한다

버클리는 우리가 존재한다고 인정할 수 있는 것은 단지 관념과 정신 뿐이라고 말해요. 이 말의 의미는 무엇일까요?

버클리는 모든 물리적 대상의 '성질'이 바로 관념이라고 주장해요. 이는 곧 우리가 가진 '경험'의 내용을 뜻하죠. 다시 말해 관념은 감각적 사물 자체를 말한답니다. 그는 사과의 예를 들어 설명하지요.

"어떤 색깔과 맛, 냄새, 모양이 어울려서 관찰되었을 때, 이것들은 사과라는 이름을 가진 하나의 명확한 사물로 여겨진다."

그래서 감각적 사물들은 '관념들의 다발 혹은 집합'이라 할 수 있죠. 그리하여 우리는 버클리 철학의 주요 내용을 다음과 같이 요약할 수 있어요.

첫째, 존재하는 것은 관념과 정신(인간의 마음과 최고의 정신인 신) 뿐이다.

둘째, 우리는 관념이 직접 작용하는 힘을 지각하지 못한다.

셋째, 따라서 관념은 어떤 것의 원인이 아니라, 다른 어떤 것을 원인으로 가지는 결과이다.

넷째, 다른 관념이나 물질적인 대상이 관념의 원인일 수는 없다(물질적 대상은 존재하지 않는다).

다섯째, 따라서 관념의 원인은 물질이 아닌 정신이다.

이제 우리는 관념과 정신에 대한 버클리의 설명을 더욱 깊이 살펴보고자 해요. 버클리는 우리가 마음, 정신, 영혼 혹은 자아라고 부르는 지각하는 능동적 존재를, 내가 가진 관념들과는 전혀 다른 것이라고 말했어요. 즉 마음, 정신, 영혼 혹은 자아라고 부르는 존재는, 관념들을 자신 안에 있게 하는 것을 의미하지요. 이에 대해 버클리는 다음과 같이 말합니다.

"무수히 많고 다양한 관념들이나 지식의 대상들 이외에 그것들을 지각, 상상, 기억 등 다양한 작용을 하는 어떤 것이 존재한다. 이 지각하는 능동적인 존재를 나는 마음, 정신, 영혼, 또는 나 자신이라고 부른다. 이 말은 나의 관념들 중 어떤 것을 가리키는 것이 아니다. 나의 마음, 정신, 영혼은 내가 가진 관념들과 전적으로 구별되는 것이며, 마음 안에 관념들이 존재한다. 그럼으로써 나의 마음은 관념을 통해 지각이 이루어지게 한다."

경험론은 모든 지식이 감각 경험을 통해 얻어진다는 원리예요. 경험론자인 버클리가 볼 때 자아를 영혼이라고 말하는 것은 문제가 있었지요. 이 원리대로라면 감각을 통해 영혼을 경험할 수 없는 한 우리는 영혼에 대한 어떠한 관념이나 지식도 가질 수가 없어요. 즉, 우리는 감각적인 경험을 통하지 않고서는 '영혼'이라는 것을 알 수 없게 된다는 거죠. 하지만 영혼을 어떻게 감각으로 알 수 있을까요?

버클리는 이 문제를 해결하려고 '나'라는 존재에 대해 다시 생각한 후 아래의 결론에 이르렀어요.

"내가 있다는 것은 분명하다. 어느 누구도 정말 어리석지 않는 한 자신의 존재를 부인하지는 못한다. 하지만 나 자신이 나의 어떠한 관념들과 같지는 않다. 나는 내 경험 과정에서 마주치게 되는 여러 관념들 중 하나는 아니다. 반대로 나는 내 경험과 그에 대한 관념을 갖는 존재이

다. '영혼'이나 '정신'은 지각하거나 경험하는 자에게 의미를 주는 것이다. 이것은 자신의 존재에 대한 데카르트의 주장과 같다. 내 관념들은 지각되기 때문에 있다고 말할 수 있다. 즉 지각되지 않는 것은 존재하지 않는 것이다. 그러나 지각하는 자 없이 지각된다고 주장하거나, 지각하는 자를 관념들의 전체 혹은 일부를 묶어 놓은 거라고 말하는 것은 터무니없는 주장이다. 따라서 '영혼'이나 '정신'은 관념도, 관념과 비슷한 것도 아닌 하나의 실재적인 것이다. '영혼'이나 '정신'은 지각하고 의욕을 느끼고 그것들에 관해 추리하는 존재를 의미한다."

이처럼 버클리는 '나'에 대해 '지각되는 것'인 관념과 '지각하는 것'인 정신으로 구분해서 이야기해요. 그리고 오직 관념과 정신만이 존재한다고 말하지요. 이러한 반성을 통해서 '존재하는 것은 지각되는 것이다(esse est percipi)'와 '존재하는 것은 지각하는 것이다(esse est percipere)'라는 버클리의 유명한 철학적 명제가 나왔답니다.

버클리는 또한 다음과 같이 말하며 영혼은 영원하다고 주장합니다.

"따라서 (영혼은) 불멸하다. 우리가 매 순간 경험하듯이 물질적인 육체에 일어나는 움직임과 변화, 쇠퇴, 소멸은 능동적이고 단일하며 복합적인 실체에서만 일어날 수 있다. 이러한 존재는 자연의 힘에 의해 소멸될 수 없다. 다시 말하면 인간의 영혼은 본질적으로 불멸하다."

버클리는 이와 같이 설명하면서 자연스럽게 신을 떠올리게 합니다. 따라서 종교와 도덕에서도 버클리의 영혼 개념은 매우 중요하지요.

의심할 수 없는 신의 존재

 사람들은 대개 신의 존재를 믿기 때문에 모든 사물이 신에 의해 알려지거나 지각된다고 믿는다. 반면에 나는 다른 측면에서 직접적으로 그리고 필연적으로 다음과 같이 결론짓는다.

"모든 감각적 사물은 신에 의해서 지각되어야만 하기 때문에 신은 존재한다."

— 버클리

1 더블린의 아이들

사흘이 지났어요.

더블린의 버클리 집에서 지내는 동안 미지와 성한이는 윌리엄의 친구들과 어울려 다니며 놀았어요. 시내를 돌아다니며 구경도 하고, 레스토랑에 가서 음식도 먹었어요. 공원에서 축구와 숨바꼭질을 하며 놀기도 했고, 더블린 친구 집에 초대받아 친구의 부모님을 만나기도 했어요. 저녁에는 버클리와 많은 이야기를 나누었고요.

"더블린 사람이 다 되었네."

피부가 유난히 하얘 주근깨가 두드러져 보이는 애니가 말했어요. 공원에 있는 아이들이 정말 그렇다며 맞장구를 쳤죠.

"맞아. 여기의 우울한 날씨에도 벌써 적응했지."

미지는 거만한 표정을 지으며 말했어요.

"버클리 선생님의 어려운 말씀도 아주 잘 접수하고 있어."

성한이는 농담처럼 말했어요. 몇몇 아이들이 키득거리며 웃었지요.

"그런데 나중에 너희들이 사는 곳으로 돌아간다며?"

해리가 말했어요. 해리는 윌리엄과 가장 친한 친구라서 다른 아이들보다 더 빨리 친해졌어요.

"언제?"

다른 아이들이 물었어요.

"그건 잘 몰라. 그런데 돌아갈 날이 있긴 할 거야."

"아쉽다."

"그전에 너희들이랑 많은 시간을 보내고 싶어. 괜찮지?"

미지가 말했어요. 아이들은 고개를 끄덕였어요.

"분위기가 가라앉아 버렸네. 우리 닭싸움하지 않을래?"

성한이가 말했어요. 그러자 아이들은 어떻게 하는 거냐고 물었어요.

"한쪽 다리를 들고 외다리로 뛰면서 상대방을 쓰러뜨리는 거야. 이렇게."

성한이와 미지가 시범을 보였어요. 아이들은 재미있겠다며 닭싸움을 하자고 했죠.

모두 한쪽 다리를 잡고 외다리로 뛰기 시작했어요. 아무도 부딪치지 않았는데 제풀에 쓰러지는 아이도 있었어요.

"익숙하지 않아서 그럴 거야."

성한이는 쓰러진 아이들을 일으켜 세우며 말했어요. 그래도 다들 깔깔거리며 즐겁게 닭싸움을 했어요.

"뭐해?"

윌리엄이 미지에게 물었어요. 아이들과 놀다 갑자기 미지가 우두커니 서 버렸거든요.

"소리가 들려."

"무슨 소리?"

"자동차가 지나가는 소리."

"자동차? 그게 뭐야?"

윌리엄이 다시 물었지만 미지는 대답하지 않았어요. 자신의 귀에 들리는 소리에만 집중했어요. 그때였어요. 저쪽에서 닭싸움을 하던 성한이가 갑자기 소리쳤어요.

"자동차!"

미지는 성한이를 쳐다봤어요.

"자동차 소리야."

성한이가 다시 소리쳤어요.

친구들은 미지와 성한이가 무슨 말을 하는지 이해할 수가 없어서 가만히 지켜보고만 있었어요.

"너도?"

미지가 물었어요.

"응."

미지는 순간 집으로 돌아갈 때가 가까워졌다고 생각했어요.

언제가 될지는 모르겠어요. 그러나 더블린에서 지낼 날이 얼마 남지 않았다는 느낌이 오고 있었죠.

2 신의 존재

미지는 문득 눈을 떴어요.

지난밤 푹 잤기 때문에 아침에 기분좋게 일어날 수 있었어요.

미지는 창을 통해 슬그머니 들어오는 햇살을 쳐다보다 방안을
둘러봤어요. 꽃무늬 벽지와 레이스가 달린 침대, 침대 옆의 탁자
와 그 위에 놓인 화병이 정겨웠어요.

미지는 서랍에서 노트와 펜을 꺼냈어요.

아저씨, 이 쪽지를 보시고 계실 때에는 이미 전 제가 사는 세상으로 돌아가 있겠죠? 여길 떠나더라도 전 아저씨의 책을 통해 만날 수 있을 거예요. 하지만 아저씨는 다시 저를 만날 수 없겠죠. 그래도 기억해 주실 거죠? 미래의 한국에서 온 미지를요. 아저씨, 내내 행복하게 지내세요.

윌리엄. 친구가 되어 줘서 고마워. 네가 아니었다면 여기 생활이 그렇게 즐겁지 않았을 거야. 다른 친구들에게도 내 마음을 전해 줘. 그리울 거야. 아주 많이.

미지는 글을 쓴 부분을 찢어 화병 아래에 놓아두었어요. 그리고 여기 왔을 때 입고 있었던 옷으로 갈아입었어요.

'그런데 정말 오늘 집으로 돌아갈 수 있는 걸까? 책이 그렇게 말한 것 같기는 한데……'

미지는 꿈속에서 《아이들이 읽는 철학 이야기 — 버클리》를 만났어요. 책이 말해 주었죠. 오늘 돌아갈 수 있다고. 꿈속에서 미지는, '정말? 정말?' 하고 몇 번이나 물었어요. 마냥 좋기만 한 건 아니었어요. 조금만 더, 며칠만 더 있고 싶다는 말을 하고 싶었어요. 그러나 그럴 수는 없었어요. 엄마 아빠에게는 그 며칠이 몇 년 같이 힘든 시간이 될 테니까요.

미지는 거실로 나갔어요. 거실에는 아무도 없었어요. 소파에 앉아 거실을 둘러봤어요. 보랏빛 빌로도 커튼과 고풍스러운 탁자 그리고 벽난로를 눈여겨보았죠.

"벌써 일어났니?"

버클리가 서재에서 나오며 말을 걸었어요.

"밤새우신 거예요?"

"새벽에 깨어 글을 좀 썼을 뿐이란다."

"아저씨."

"응?"

"신이 정말 존재한다고 생각하세요?"

"그래. 그게 궁금하니?"

"제가 아저씨 집에 오게 된 건 그 때문이라는 생각이 들었어요. 제가 그 답을 찾고 싶어 했거든요."

버클리는 물끄러미 미지를 쳐다봤어요.

"가는 거니?"

"네?"

"네가 살았던 곳으로 돌아갈 때가 얼마 남지 않은 모양이구나."

"잘 몰라요. 그런데 시간이 얼마 남지 않은 것 같아요."

"그렇구나. 그래서 그 이야기가 듣고 싶은 거구나."

미지는 아무 말도 할 수가 없었어요. 이별을 준비한다는 생각이 들어 슬펐거든요.

"자연의 작품이라 불리는 사물들, 우리에게 지각되는 관념들은 우리 의지로 생기는 게 아니야. 그렇다고 그것들이 혼자 힘으로 있는 것도 아니고. 그것들의 원인이 되는 정신이 있는 거란다."

"그게 신을 뜻하는 건가요?"

"응. 정신적 요소가 전혀 없는 물질적인 원인은 없어. 유일하게 참된 원인은 정신이지. 신이 변화의 유일한 원인이며, 인간은 신의 힘을 제한적으로 가지고 있다고 할 수 있겠지."

"그걸 어떻게 증명할 수 있어요?"

"감각적 사물들은 실제로 존재해. 그건 너도 아는 이야기지? 그리고 만약 사물들이 있다면, 그것들은 지각되고 있는 것이지. 그러므로 하나의 무한한 마음이 있다고 할 수 있어. 모든 감각적 사물은 신에 의해서 지각되어야 하기 때문에 신은 존재한다고 할 수 있지."

"무슨 말인지 대충 알겠어요. 그런데 조금 더 쉽게 설명해 주실 수 없어요?"

"흠. 예를 들자면 이래. 의자가 있는 것은 내가 그 의자를 지각하기 때문이지. 그런데 내가 의자가 있는 곳을 떠나도 의자는 계속 존재해. 신이 의자를 지켜 주기 때문이야. 신이 우리의 정신을 포함해 모든 것을 지각하고 있기 때문에 모든 존재를 보장해 주는 셈이 되는 거지."

"그렇군요."

"좀 이해가 되었니?"

"예. 세상의 모든 사물은 지각하는 정신이 있으므로 존재한다는 거잖아요. 그 지각하는 정신은 바로 신이고요. 신이 없다면 모든 것을 지각하는 정신도 없는 거죠. 지각하는 정신이 없으면 지각되는 사물도 없는 거고요."

"그래. 잘 이해했구나."

버클리는 흐뭇하게 웃었어요. 그러나 눈은 좀 슬퍼 보였어요.

"아저씨."

"응?"

"고마워요."

"나도 고맙다."

"먹여 주고, 재워 주고, 가르쳐 주신 건 아저씬데 저한테 왜 고마워요?"

"미래에 관한 이야기를 들려 주지 않았니? 그리고 나에 대한 관심이 없었다면 우리가 만날 일도 없었겠지. 그리고 함께 보낸 시간은 참 좋았다."

미지와 버클리는 서로 쳐다보며 웃었어요. 그때 현관문이 열렸어요. 그리고 윌리엄이 세 사람의 이름을 부르며 들어왔어요.

"안녕."

미지도 반갑게 인사를 했어요.

"성한이는 아직 안 일어났어? 빨리 깨워서 아침 먹자. 오늘 아주 멋진 곳에 데려가 줄게."

윌리엄이 쾌활하게 말했어요.

"야, 네 큰 목소리 때문에 일어났다."

성한이는 잠에서 덜 깬 채 거실로 나왔어요.

"그래? 그럼 빨리 준비해. 좀 멀리 가야 하거든."

윌리엄이 성한이의 등을 욕실 쪽으로 떠밀었어요.

"윌리엄."

미지가 불렀어요.

"왜?"

"오늘 우린 아무 곳에도 가지 않아."

윌리엄과 성한이는 깜짝 놀라 미지를 쳐다봤어요.

"아…… 왜?"

"우리 네 사람 오늘 하루만 같이 있자."

윌리엄은 당황했어요. 왠지 곧 슬픈 일이 일어날 것 같았거든요. 이를테면, 미지와 성한이가 훌쩍 떠나는 일이요.

3 안녕, 더블린

미지는 버클리, 윌리엄과 밤새도록 이야기를 나누고 싶었어요. 그러나 밤이 깊어질수록 밀려오는 졸음을 참을 수가 없는 거예요.

"이제 잘 시간이 되었나 보다. 너희들 눈꺼풀 위에 잠이 한가득 실려 있구나."

버클리가 희미한 미소를 지으며 말했어요.

"네. 그래야 할 것 같아요. 왜 이렇게 잠이 오는지 모르겠어요."

미지는 입을 크게 벌려 하품을 하며 일어났어요. 그 덕에 꾸벅

거리며 졸고 있던 성한이가 눈을 떴어요.

"어, 내가 왜 여기에 있지?"

성한이는 두 눈을 비비며 뜬금없이 말했어요.

"저녁 먹은 뒤에 여기서 이야기하고 있었잖아. 방에 들어가서 자자."

"너는?"

"나도 이제 잘 거야."

"윌리엄은?"

"나는 집에 가야지."

"선생님은요?"

"책 좀 보다가 잘 생각이다."

성한이는 거실에 있는 사람들에게 일일이 물었어요. 그리고 다시 눈을 비벼대더니 한 사람 한 사람을 뚫어지게 쳐다봤어요.

"얘가, 왜 그렇게 봐?"

미지가 말했어요.

"기분이 이상해."

"응?"

"어디선가 바람이 부는 것 같아."

"바람?"

미지는 주위를 둘러봤어요. 그러나 아무 느낌도 들지 않았어요.

"기분 때문일 거야. 오늘 아침 내내 이상한 느낌이 들었잖아."

미지가 말했어요.

"안녕히 주무세요, 아저씨."

미지는 두 사람에게 뽀뽀하고 나서 자기 방으로 향했어요. 지난 며칠 동안 윌리엄이 인사할 때마다 버클리의 뺨에 뽀뽀하는 모습을 보았거든요. 한 번도 따라하지는 않았지만, 오늘은 왠지 버클리와 윌리엄의 뺨에 뽀뽀를 하고 싶었어요.

"야, 나는?"

뒤에서 성한이가 가볍게 항의하는 목소리가 들렸어요. 그래서 뒤돌아보았어요.

"어?"

거실 안이 갑자기 안개에 휩싸인 듯 뿌옇게 보였어요. 그 속에 있는 버클리와 윌리엄의 모습이 아른거렸어요. 그래서 두 눈을 거칠게 비볐어요.

"아저씨? 윌리엄?"

미지는 그들을 불렀어요. 그런데 아무 대답도 들리지 않았어요.

더블린에 왔던 그날처럼 실타래 같은 바람이 몸을 감쌌어요.

"앗!"

몸이 휘청거렸어요. 그 때였어요.

"미지야. 성한아."

윌리엄이 자신들을 부르는 소리가 들렸어요. 그러나 그 목소리
는 바로 사라졌어요.

"어, 아저……."

미지는 말을 다 끝내지 못했어요. 그만 정신을 잃어버렸거든요.

"미지야, 정신 차려 봐. 미지야!"

눈을 뜬 미지는 엄마의 얼굴을 멀뚱멀뚱 쳐다봤어요. 그 옆에는
아빠가 서 있었어요.

"엄마."

엄마는 미지를 꼭 껴안았어요.

"얼마나 걱정했는지 알아? 얼마나 찾았는지 알아?"

엄마는 흐느껴 울었어요. 미지는 엄마의 품에 안겨 버클리와 윌
리엄을 생각했어요.

'인사도 제대로 못 했는데…….'

그들의 마지막 모습을 떠올려 보려고 했지만 생각이 잘 나지 않았어요. 그러다 문득 성한이가 생각났어요.

"성한이는?"

"성한이도 돌아왔단다. 지금 성한이네 집에 있어."

아빠가 말했어요.

"어떻게 된 거냐?"

"꿈, 꿈을 꿨어요. 아주 긴 꿈을……."

미지는 그렇게만 말했어요. 미지와 성한이가 경험한 일을 말해도 어른들은 믿지 못할 테니까요.

"성한이는 괜찮대요?"

미지가 물었어요.

"그래. 성한이도 깨어났다고 조금 전에 전화가 왔어."

미지는 수척해진 엄마와 아빠의 얼굴을 쓰다듬었어요.

"보고 싶었어요. 엄마, 아빠."

4 책이 들려주는 이야기 다섯

미지야. 이제 네가 정말 궁금했던 게 해결되었니? 신이 있다는 걸 어떻게 증명하는가에 관한 것 말이야. 관념에 대한 버클리의 이론은 신의 존재에 대한 우리의 믿음을 굳건하게 해 주지. 신을 증명하고 싶어 했던 너와, 버클리의 사상을 담고 있는 내가 만난 건 정말 기가 막힌 인연 같지 않니? 버클리는 신이 무한하고 지혜 로우며, 자비롭고 전지전능한 정신이라고 이야기하지.

"신은 초월적이고 무한한 완전함을 가진 존재이다. 따라서 유한한 정신들은 신의 본질을 이해할 수 없다. 그러므로 그 누구도 신과 신의 속성, 작용 방식에 대한 정확한 개념을 안다고 말할 수는 없다."

좀 이상하지? 신이 있다면서 신을 알 수 없다고 말하잖아. 왜 그럴까?

버클리도 말했듯이 정신은 지각 '하는' 존재이지, 지각 '되는' 존재가 아니야. 우리는 관념만을 지각할 수 있을 뿐 다른 인격체의 정신을 직접적으로 지각할 수는 없지. 말하자면 한 인격은 다른 인격을 보지 못한다는 거야. 그럼에도 불구하고 우리는 신이 있다는 걸 간접적으로 알 수 있어. 관념을 통해서 말이야.

버클리는 관념들이 오직 인간의 마음에만 의존하는 것이 아니라고 해. 관념들을 통해 우리가 그 전체를 경험으로 받아들일 수 있는 이유가 뭘까? 그 관념들이 어떻게 일관성을 가질 수 있는 걸까? 그건 모든 관념들을 처음부터 끝까지 쭉 지켜보는 정신이 있기 때문이지. 바로 신이 있기 때문이란다.

우리가 경험하는 모든 것들은 언제나 신이 존재하고 있다는 사실을 증명하고 있는 거야. 너무도 확실하게 말이야.

버클리의 철학은 새로운 형태의 경험주의란다. 그의 관념론은 우리의 인식과 자연 사물을 분리하지 않아. 즉 자연은 감각적 경험 그 자체라는 거지. 그리하여 버클리는 신과 세계를 부정하지 않는 독특한 경험론을 꽃피우게 된 거란다. 오직 관념과 정신의 존재만을 받아들인 철저한 경험주의자로서 말이야.

마지막으로 버클리가 한 말을 들려줄게.

'나는 스스로 새로운 사상을 내세운다고 자랑하지 않는다. 내가 노력하는 것은 다만 이전에 일반 세상 사람들이 가졌던 진리와 철학자들이 가졌던 진리를 통일하고, 이를 보다 더 밝은 빛 속에서 드러내고자 하는 것뿐이다. 첫째는 우리가 직접 지각하는 관념들이 실재한다는 것, 둘째는 관념들은 오로지 마음속에만 존재한다는 것이다. 이 두 가지 생각을 합친 게 내 주장의 핵심이다.'

미지야. 너에게 들려 줄 이야기는 여기까지인 것 같구나.

난 앞으로 조용한 책으로 살 거야. 하지만 어느 날, 또 다른 아이가 내게 말을 걸며 관심을 가진다면, 너에게 보여 주었던 세계를 똑같이 경험하게 해 줄 생각이야.

만나서 즐거웠어. 성한이에게도 안부를 전해 줘.

미지야, 안녕.

신은 확실히 존재한다

버클리는 관념이 지각하는 자의 마음에 의존하고 있다고 생각했어요. 그러면서 관념들을 지각하는 자신은 결코 관념이 아니며 관념과 비슷하지도 않다고 말하지요. 그에게 있어서 참으로 존재하는 것은 지각된 관념과 지각하는 정신, 그리고 정신의 배후에 있는 신뿐이랍니다. 그렇다면 우리는 어떻게 신이 있다는 걸 믿을 수 있을까요?

버클리는 자신의 영혼이 대체로 하나의 관념, 즉 신의 이미지나 그것과 비슷한 상(像)을 준다고 말합니다. 왜냐하면 내가 신에 대해 가지는 모든 개념은 나 자신의 영혼에 대해 반성하고, 또 그 능력을 극대화하면서 불완전성을 없애야만 얻어지기 때문이죠.

버클리가 말하는 영혼, 정신, 마음은 능동적으로 관념을 지각하는 실체예요. 자신이 존재하기 위해 다른 어떤 것도 필요로 하지 않고 오직 스스로 존재하지요. 반면에 관념은 그 존재가 정신에 의해 지각되고 스스로 활동하지 않는 수동적인 것이랍니다.

　버클리의 관념론은 신의 존재에 대한 우리의 믿음을 굳건하게 해 주죠. 그는 우리와 뚜렷이 구분되어 있는 바깥 세계는 확실히 실재(실제로 존재함 또는 그러한 것)한다고 해요. 이러한 실재는 물질이 아니라 정신적인 거예요. 그 까닭은 모든 관념은 정신 속에만 있고, 감각적 관념의 대상은 그것을 지각하는 다른 정신에 속해 있어야만 하기 때문이죠.

　"(……) 나의 정신과 독립적으로 존재하는 실제 나무는 진실로 인식되며 신의 무한한 정신에 의해 파악된다. 그러나 그것은 또 다른 정신 안에서만 그럴 수 있다. (……) 감각적 사물이 나의 정신 밖에 존재한다는 것은 명백하다. (……) 그러므로 내가 다른 곳으로 떠나서 그 사물을 지각하지 않는 동안 나 대신 그 사물을 지각하는 '다른 정신'이 존재한다. '다른 정신'은 내가 태어나기 전에도 그랬고, 내가 죽은 후에도 계속 모든 만물을 지각하고 있을 것이다. 따라서 '다른 정신'은 모든 사물을 이해하며 모든 곳에 존재하는 영원한 정신이라고 볼 수 있다."

　'다른 정신'이 바로 신을 가리킨다는 것을 알겠지요? 버클리는 그의

관념론을 토대로 신의 존재를 확신했어요. 우리는 버클리의 신에 대한 논증 과정을 아래와 같이 살펴볼 수 있지요.

첫째, 우리는 관념들을 갖거나 지각한다.

둘째, 우리는 우리가 가진 관념들의 원인이 아니다. 우리가 가진 경험의 내용은 우리가 하고자 해서 행한 결과가 아니다.

셋째, 발생하는 모든 것은 원인을 갖고 있으며, 관념들의 원인은 정신적인 것이다.

넷째, 사건들이 독자적으로 계속 생긴다는 것은 모순이므로 그것들을 일으키는 다른 정신이 있음이 틀림없다.

다섯째, 우리의 경험이 규칙적이고 질서 있다는 건 그 원인이 무한히 지(知)적이기 때문이다. 우리 경험의 폭이 넓은 것은 그 원인이 전능하기 때문이다. 우리가 대상을 경험하면서 느끼는 아름다움과 완전함은 그 원인 자체가 완전하기 때문이다. 따라서 우리는 무한히 지적이고 전능하며 완전한 존재인 신이 있다는 사실을 결코 의심할 수 없다.

버클리는 신이 무한하고 지혜로우며 자비롭고 전지전능한 정신이라고 이야기합니다. 그에게 있어서 신은 초월적이고 무한한 완전함을 가진 존재예요. 따라서 신의 본질은 유한한 정신들에게서는 이해될 수 없답니다. 그 누구도 신의 모든 속성이나 작용 방식에 대해 정확한 개념을 가질 수 없을 거예요.

우리는 이제 버클리가 말하는 우주가 우리의 관념들로 이루어진다는 사실을 알게 됐어요. 마음은 유한하기도 하고 무한하기도 하지만 무한한 마음은 오직 신뿐이지요.

마음은 원래 유한하기 때문에 서로 교통할 수 없어요. 신이 마음 안에 관념을 갖게 해 주었기 때문에 우리는 물질로 이루어진 이 우주를 함께 살아간다고 느낄 수 있는 거예요. 그런 의미에서 신이 물질적인 자연 세계를 창조했다고 하는 거랍니다. 이처럼 신의 존재를 확신하면서 버클리의 관념 이야기는 끝을 맺는답니다.

에필로그

"미지야. 뭐하니? 성한이가 기다리잖아."

아래층에서 엄마가 소리쳤어요. 미지는 교복 치마를 탈탈 턴 다음 거울을 봤어요. 거울 속에는 열일곱 살의 예쁜 소녀가 있었어요.

"학교 다녀올게."

미지는 거울 속의 자신에게 인사를 했어요.

"쟨 지각하는 게 버릇이야. 버릇."

"곧 내려오겠죠."

계단을 뛰어 내려가는데 거실에서 엄마와 성한이가 대화하는 소리가 들렸어요.

"세 살 버릇은 여든이 가도 못 고친다잖아."

미지가 중얼거렸어요.

"말이나 못하면."

엄마가 말하며 미지의 등을 치려고 했어요. 그러나 미지는 날렵하게 피했죠.

"다 컸다 이거지? 나중에 집에 오면 보자."

엄마는 눈을 흘기며 말했어요.

"치. 엄마는 나만 가지고 그래."

미지는 성한이의 손을 잡고 현관 쪽으로 달려갔어요.

"다녀오겠습니다."

성한이가 인사를 하자 뒤에서 엄마가 차 조심하라고 말했어요.

"어. 비가 올 것 같네. 우산 가지고 나올 걸."

미지는 흐린 하늘을 쳐다보며 말했어요.

"다시 들어가서 가지고 나오면 되지, 뭐."

"귀찮아."

"그럼, 여기 있어. 내가 빨리 갔다 올게."

미지가 되돌아 가려던 성한이를 붙잡았어요.

"아냐. 우리 그냥 가자. 비가 내리면 그냥 맞으면 되지."

"머리카락 빠져. 요새 내리는 비는 산성비잖아."

"그런가. 더블린에서는 비를 아무리 맞아도 괜찮았는데."

미지는 중얼거렸어요. 지난 4년 동안 비만 내리면 더블린이 떠올랐어요. 자주 흐리고 비가 내리던 더블린의 날씨가 아주 많이 그리웠어요.

"잘 있을까?"

미지는 쓸쓸하게 말했어요.

"잘 있겠지."

성한이가 무덤덤하게 대답했어요.

미지는 쿡쿡 웃었어요. 4년 전 버클리와 윌리엄을 만난 것은 둘만의 비밀이었어요. 그래서 미지가 이름을 들먹이지 않아도 성한이는 누구를 말하는 건지 다 알아들었어요.

"늘 생각하는 거지만 길고 긴 꿈을 꾼 것 같아."

미지는 작게 한숨을 내쉬었어요. 이젠 그들을 만날 수 없을 거라고 생각할 때마다 마음 한 구석이 아팠거든요.

"나중에 대학 들어가면 더블린으로 배낭여행 가자."

성한이가 말했어요.

"배낭여행?"

"왜, 신혼여행 때 갈까?"

"웃겨."

미지는 주먹으로 가볍게 성한이의 팔을 쳤어요.

"우리가 자주 가서 놀았던 공원과 카페가 지금도 있는지 확인해 보자. 우리가 걸었던 길에서 사진도 많이 찍고. 그때는 사진도 한 장 못 남겼어."

"그래."

미지는 대답했어요.

"그래. 더블린으로 가자."

멀리서 버스가 오는 것을 보며 미지는 혼잣말로 중얼거렸어요.

통합형 논술
활용노트

01 다음 제시문을 읽고 물음에 답하시오.

(가) 둘의 대화를 듣고만 있던 미지는 버클리가 한 말이 생각났어요. 물질적 사물을 지각한다고 생각하지만, 사실은 그 성질을 지각한다는 말이요. 그게 잘 이해가 되지 않았어요. 그래서 미지는 그것이 무슨 의미인지 물었죠.

"자연과학에서는 물질이 있다고 믿지. 그런데 나는 물질을 인정하지 않는단다. 그래서 많은 사람들이 나를 비판하기도 해.""잘 이해가 안 돼요. 아저씨. 여기에 있는 우유와 빵도 물질이잖아요. 우리가 믿고 안 믿고의 문제가 아니잖아요. 분명히 여기에 있으니까요.""영리하구나, 미지는. 맞아. 내가 인정하지 않는 것은, 물질적 실체라고 불리는 것이란다. 우리의 생각 활동과 아무 관련 없이 떨어져있는 물질적 실체 말이야.""물질적 실체요?""예를 들면 이래. 뜨거운 것이 있다고 생각해 봐. 심하게 뜨거우면 고통스럽겠지? 고통은 마음속에 있는 거야. 그러므로 뜨거움이란 정신적인 거지. 다른 예를 들어 볼까? 네가 오늘 꾼 꿈을 생각해 봐. 꿈속에서 가족을 보았지? 꿈도 정신적인 것이야. 감각적으로 지각한 것이 아니고 경험했던 기억들이 얽혀서 떠오른 거지. 그러니까 ㉠ 물질적 실체가 있는 것이 아니라 우리들의 관념에 의해 물질이 지각되는 것이야."

－《버클리가 들려주는 관념 이야기》중

(나) NBA 보스턴 셀틱스의 전설적인 스타 래리 버드는 "전성기 시절, 고도의 긴장이 필요한 상황에서는 모든 주변 사물이 마치 슬로우 비디오처럼 느리게 움직였다"고 회상한 바 있다. 덕분에 상대 수비수의 움직임을 정확히 읽고 한 발 앞선 플레이를 펼칠 수 있었다는 것.

지난 30년간 꾸준히 운동선수들이 말하는 '무엇이든 해낼 것 같은 느낌'의 ⓛ실체를 추적해 온 과학자들은 최근 이것이 신경화학물질의 영향 때문인 것으로 잠정 결론지었다. 이들은 버드의 경우 천연 도파민의 다량 분비에 따른 결과로 진단한다.

– ○○일보, 2008년 8월 6일자 기사 중

1. (가)와 (나) 두 제시문에서 ㉠과 ⓛ 두 개념은 관점에 따라 같게 볼 수도 있고 다르게 볼 수도 있습니다. 버클리가 말하는 물질적 실체와 과학자들이 탐구하는 실체가 각각 어떤 것을 의미하는지 비교하여 설명해 보시오.

2. ㉠과 ⓛ의 개념 차이를 통해 버클리와 과학자들의 생각이 어떻게 다른지 예를 들어 설명해 보시오.

버클리가 들려주는 관념 이야기

02 (가)에서 버클리가 이야기하는 '나'에 관한 생각을 이해한 후 이를 민족이나 국가의 개념으로 확장시켜 생각해 보시오. 그리고 (가)의 ㉠, ㉡ 같은 태도가 각각 (나)의 ㉢, ㉣ 중 어디에 해당하는지 대응시켜 이야기해 보시오.

(가) "내가 있다는 것은 분명하지?"

"예."

"어느 누구도 자신의 존재를 부인하지는 못할 거야."

"맞아요."

윌리엄은 버클리의 말에 맞장구를 쳤어요.

"하지만 '나 자신'은 내가 받아들이는 수많은 관념들과는 다른 거란다. 내 경험 과정에서 마주치게 되는 관념들 중 하나가 아니라는 것이지. 오히려 '나'라는 건 경험해서 얻은 관념들을 가지고 있는 존재지."

"어려운 말이긴 한데, 조금 이해가 되긴 해요."

성한이가 말했어요.

"영혼이나 정신은 지각하거나 경험하는 주체 즉, 자신이야. 이 점은 데카르트와 같은 생각이지. 하지만 ㉠지각되는 것도 없는데 지각한다고 주장하거나, ㉡단지 관념들을 묶어놓은 게 지각하는 자라고 말하는 것도 터무니없는 일이야. 영혼이나 정신은 관념도, 관념과 비슷한 것도 아닌 하나의 실재란다. 지각하고, 추리하고, 의욕을 느끼는 존재를 의미하

지. 그렇기 때문에 존재하는 것은 지각되는 것과 지각하는 것, 둘로 구분할 수 있단다."

-《버클리가 들려주는 관념 이야기》중

(나) 다른 문화를 이해하기 위해서는 각 민족이나 국가마다 그 나름의 독특한 문화가 있다는 것을 인정하고 존중하는 태도를 가져야 한다. 그런데 우리 문화만 우수한 것으로 생각하고, 다른 문화는 업신여기는 사람들도 있고 이와는 반대로 외국의 것이라면 무조건 좋아하며 우수하다고 보는 사람들도 있다.

이렇게 ⓒ 자기 문화만을 중심으로 생각하는 국수주의나 ⓓ 남의 기준이 보편적인 것이라고 판단하는 사대주의 사상으로 문화 교류를 하면, 서로의 문화를 잘못 이해하게 된다. 국수주의는 폐쇄적이 되기 쉽고, 사대주의는 주체성을 잃기 쉽다. 따라서 우리는 모든 문화가 각각의 주체성을 가지고 있음을 인정하고, 우리 문화와는 다른 문화도 이해하고 상호 존중하는 가운데 문화 교류를 전개해야 한다.

- 중학교《도덕 2》중

통합형 논술
문제풀이

01 1. 버클리가 말하는 물질적 실체는 우리가 지각할 수 없는 즉, 우리의 의식과 따로 떨어져 있는 물질 자체를 말합니다. 예를 들어, 우리가 설탕의 맛에 대해 달다는 관념을 가지고 있다면, 아무 맛도 나지 않으면서 설탕을 달게 느끼게 해 주는 어떠한 물질이 바로 버클리가 말하는 물질적 실체입니다. 말하자면 우리가 맛을 보거나 느낄 수 없지만 설탕을 달게 느끼게 만드는 물질 말입니다. 버클리는 이러한 물질적 실체가 우리의 의식 영역 밖에 있다고 생각하고, 이것을 부정합니다.

과학자들이 말하는 실체도 이와 비슷한 개념입니다. 우리가 어떤 느낌을 받을 때, 뒤에서 그런 느낌이 나게 해 주는 배후 물질을 실체라고 생각하지요. 그리고 그것이 우리가 무언가를 느끼는 원인이라 생각하고 그게 무엇인지 탐구합니다. 운동선수들이 자신감을 갖을 때 몸에서 분비되는 신경화학물질을 밝혀낸 것처럼 말이지요.

2. 버클리는 물질적 실체가 존재하지 않는다고 생각합니다. 버클리가 생각하기에 물질적 실체란 우리가 지각할 수 있는 영역 밖에 있기 때문에 (단지 그런 게 있을 거라고 상상만 할 수 있을 뿐) 아무리 해도 그게 무엇인지 알 수 없기 때문입니다. 우리에게 단맛을 느끼게 해 주는 설탕의 실체가 어딘가 존재한다면, 그것도 결국 우리의 감각을 통해 발견될 수 있어야 합니다. 하지만 이제까지 이야기되어 온 물질적 실체는 감각으로 느낄 수 있는 것이 아닙니다. 따라서 버클리는 물질적 실체를 부정하였습니다. 우리가 설탕을 먹고 단맛을 지각함으로써 설탕이 달다는 관념이 생기는 것이고, 설탕이란 물질적 실체가 아니라 달다는 관념만이 존재하는 것이라고 말입니다.

만약 과학자들이라면 설탕을 달게 느끼게 하는 어떠한 실체가 있을 거라고 생각하고 그 실체가 무엇인지 탐구할 것입니다. 우리에게 단맛을 느끼게 해주는 어떤 물질적 요인이 있을 거라고 생각하면서 말이지요. 그들은 설탕의 단맛을 내는 성분인 당분을 밝혀내었고, 그것이 설탕 단맛의 원인이

되는 물질적 실체라고 생각합니다.

하지만 버클리는 당분 또한 물질적 실체가 아니라고 주장할 것입니다. 그는 당분이 그저 설탕보다 한층 작게 표상되는 단맛으로서, 우리가 지각할 수 있는 관념에 불과하다고 할 것입니다.

02 버클리가 주장한 '지각하는 자'와 '지각되는 것'을 (나)에 대응시켜 생각해 보면, 우리 민족이나 우리나라, 우리 문화를 지각하는 자 즉, 나 자신이라고 생각할 수 있고, 다른 민족이나 국가, 문화를 지각되는 것 즉, 관념들이라고 할 수 있습니다. 쉽게 말해 지각하는 자는 우리 민족의 문화이고, 지각되는 것은 다른 민족의 문화입니다. 버클리는 지각되어 들어온 관념들을 추리하거나 사유하는 정신의 주체를 '나'라고 생각했습니다. 관념은 의식 안에 있긴 하지만 정신이 관념은 아닙니다. 관념은 정신이 생각 활동을 하는 재료일 뿐이며, 관념을 통해 사유함으로써 나 자신이 발전할 수 있습니다.

관념이 없다면 생각할 거리가 없기 때문에 사유 활동을 할 수 없습니다. 그렇다고 관념만 가진 채 사유 활동을 하지 않는다면 그것 또한 '나'라고 할 수 없습니다. 따라서 ㉠과 같은 태도는 타자를 인정하지 않고 자신만 옳다고 주장하는 ㉢의 태도와 같고, ㉡과 같은 태도는 자신의 생각 없이 남의 것만 인정하는 ㉣의 태도와 같다고 할 수 있습니다.